Mente e Cérebro Poderosos

Conceição Trucom

Mente e Cérebro Poderosos

Um Guia Prático para a sua Saúde Psíquica e Emocional

Com Testes e Exercícios Cerebrais

Editora
Cultrix
SÃO PAULO

Copyright © 2008 Conceição Trucom.

Todos os direitos reservados. Nenhuma parte deste livro pode ser reproduzida ou usada de qualquer forma ou por qualquer meio, eletrônico ou mecânico, inclusive fotocópias, gravações ou sistema de armazenamento em banco de dados, sem permissão por escrito, exceto nos casos de trechos curtos citados em resenhas críticas ou artigos de revistas.

A Editora Pensamento-Cultrix Ltda. não se responsabiliza por eventuais mudanças ocorridas nos endereços convencionais ou eletrônicos citados neste livro.

Este livro tem a intenção de ser um guia de conscientização, qualidade de vida e bem-estar. A prática diária dos exercícios cerebrais é uma ferramenta da medicina preventiva e não dispensa nem substitui o acompanhamento médico.

Coordenação Editorial: Denise de C. Rocha Delela e Roseli de S. Ferraz
Preparação de originais: Denise de C. Rocha Delela
Revisão de provas: Claudete Agua de Melo

Dados Internacionais de Catalogação na Publicação (CIP)
(Câmara Brasileira do Livro, SP, Brasil)

Trucom, Conceição
Mente e cérebro poderosos : um guia prático para a sua saúde psíquica e emocional – com testes e exercícios cerebrais / Conceição Trucom. – São Paulo: Cultrix, 2010.

ISBN 978-85-316-1074-5

1. Cérebro – Obras de divulgação 2. Emoções 3. Inteligência 4. Mente e corpo 5. Neurociências 6. Neuropsicologia 7. Psicologia 8. Sentimentos I. Título. II. Título: Um guia prático para a sua saúde psíquica e emocional.

10-05509   CDD-153

Índices para catálogo sistemático:
1. Cérebro e mente: Guia prático para a saúde
psíquica e emocional: Psicologia   153
2. Mente e cérebro: Guia prático para a
sua saúde psíquica e emocional: Psicologia   153

O primeiro número à esquerda indica a edição, ou reedição, desta obra. A primeira dezena à direita indica o ano em que esta edição, ou reedição, foi publicada.

Edição	Ano
3-4-5-6-7-8-9-10-11	11-12-13-14-15-16-17-18

Direitos reservados
EDITORA PENSAMENTO-CULTRIX LTDA.
Rua Dr. Mário Vicente, 368 — 04270-000 — São Paulo, SP
Fone: 2066-9000 — Fax: 2066-9008
E-mail: pensamento@cultrix.com.br
http://www.pensamento-cultrix.com.br
Foi feito o depósito legal.

Transformar nosso coração e nossa mente é compreender como funcionam os sentimentos e os pensamentos.

– Dalai Lama

As pessoas pensam porque sentem. Mas, antes de sentir, percebem com suas lentes sensoriais e mentais. Essa percepção pode ser distorcida ou não; pode desencadear sentimentos construtivos ou emoções destrutivas.

A mente lúcida usa suas inteligências para a busca da verdade dentro de si, cultiva hábitos diários para estimular o desenvolvimento dos pensamentos e das ações construtivas, e transforma os sentimentos desagradáveis em algum tipo de pensar e agir para o bem.

Exercitar-se e sair do sedentarismo e das zonas de conforto significa manter a mente e o cérebro despertos, prontos para superar os desafios da vida pelo caminho da clareza, da verdade, da maturidade afetiva.

O cérebro, parte física da mente, é como um músculo: quanto mais o utilizamos, mais tonificado, saudável, flexível e inteligente ele fica.

– Conceição Trucom

Sumário

Introdução 9

1. A dinâmica das ações 13
    O cérebro e sua gênese 14
    As partes do cérebro humano 18
    As três mentes 20
    As emoções e os sentimentos 23
    As duas vias do pensamento 28
    O momento da escolha: mundo da ilusão *versus*
    mundo da realidade 31
    As três qualidades da ação 36
    O poder da palavra e do silêncio 40

2. As inteligências 43
    O que é inteligência? 43
    Os superpoderes da mente 47
    Os sete estágios da consciência 52

3. Os alimentos do cérebro 57
    Não se esqueça de ter sempre na despensa 59
    Os alimentos que comprometem a saúde do cérebro 61
    Alimentação consciente e alimentação desintoxicante 62
    Alimentar-se *versus* comer 63
    Os vilões do cérebro e da memória 64

4. O Sono – Lembre-se de rebobinar seu cérebro 65
    As fases do sono 66
    Quem dorme mais tende a aprender mais 68

Quantas horas dormir por noite? 68
Sugestões para um sono reparador 69
As posições de dormir 72

5. As doenças neurodestrutivas 73
Estresse e depressão 73
Mal de Alzheimer 80
Mal de Parkinson 83

6. Os exercícios cerebrais 87
Como surgiram e seus benefícios 88
Como ligar, ativar e turbinar o cérebro 90
Exercícios Divinos de Cura – respiração 93
Exercícios de motivação e terapia do riso 96
Como praticar a terapia do riso 98
Exercícios sensoriais 99
Estimulando os cinco sentidos 101
Exercícios antiestresse 104
Exercícios de integração 115
Exercícios de meditação 120
Proposta de prática diária 123

Testes 125
Teste seu nível de estresse 125
Teste sua eficiência cerebral 127

Matérias de jornais e revistas 131
A revolução do cérebro 131
Exercício pode estimular a reprodução de neurônios 134
Malhar para recordar 135
Como manter o bom humor 137
Os aspectos positivos dos desafios 139

Reflexões 143
Diretrizes para o ser humano 145
As vinte regras de vida 146

Bibliografia 149

Webgrafia 151

Introdução

Em plena era da informação, quando as exigências de atualização são cada vez maiores, é mais sábio e prudente preparar o cérebro e a mente para assimilar e compreender a enorme quantidade de informação disponível no mundo.

Para que a vida seja bem vivida, ela precisa ser "percebida", ou seja, precisamos ter consciência corporal e estar verdadeiramente presentes no nosso corpo. Temos de filtrar a informação externa para priorizar e resgatar a informação interna, que vem do nosso corpo, do nosso coração e da nossa mente. Para viver, é preciso estar no real, no aqui e agora, e perceber o "momento presente". É preciso que estejamos atentos ao que dizem nosso corpo, nossa mente e nosso coração diante de cada situação a nossa volta.

Se o que eles nos dizem causa uma sensação integrada de superação, alegria e paz, podemos ser felizes: simples...mente felizes! Mas se a mente passar para o coração e para o corpo somente ilusões visuais e sensórias, não poderemos ser felizes, porque estaremos nos distanciando do real.

É da natureza humana se deixar conduzir pelo inconsciente coletivo e pelas cargas culturais e genéticas. Desse modo, damos enorme espaço para emoções e sentimentos que exaurem as energias e impedem as realizações individuais. O mais sábio que podemos fazer para reverter esse estado "robótico" da humanidade, narrado e constatado por tantos filósofos (e por nós mesmos), é mantermos em estado de alerta as nossas múltiplas percepções e inteligências latentes, para, assim, sairmos da caverna e permanecermos felizes fora dela.

O mito da caverna

O mito da caverna foi criado por Platão (aprox. 399 a.C.) para explicar o problema filosófico que se apresenta quando pensamos em aparência e realidade. Trata-se de uma alegoria sobre a predileção humana pelo que está envolto em névoa, pelo caminho que evita a mudança e o novo a todo custo, e se satisfaz com a ilusão. O intuito do filósofo foi ilustrar o fato de que a maioria das pessoas vive com um véu sobre os olhos, o que lhes dá apenas uma noção distorcida de si mesmos e do mundo.

Imagine um grupo de indivíduos acorrentados em uma caverna escura, iluminada apenas por uma grande fogueira atrás deles. Esses homens da caverna podem enxergar apenas sombras de si mesmos e outras imagens tremeluzindo nas paredes diante dos seus olhos. Essa é a realidade deles.

A maioria deles é desprovida de imaginação; outros são indiferentes e simplesmente aceitam essa realidade sem especulação. As mentes questionadoras observam os padrões mais claros e tentam entender seu mundo. Ainda assim, a verdade os ilude.

Um dos prisioneiros consegue se libertar das correntes e escapa da caverna. Emergindo para a luz do dia, esse fugitivo é cegado pela luz e pode ver somente uma representação imperfeita da realidade. Com o tempo, esse indivíduo acostuma seus sentidos com o novo ambiente e vê as coisas mais claramente: a paisagem, o céu e a iluminação do sol.

Essa alma recém-iluminada um dia volta à caverna e tenta espalhar a notícia do novo mundo que existe além dos confins da caverna. Qual será a resposta dos habitantes da caverna? Eles corajosamente irão até onde esse indivíduo foi e realizarão a árdua, porém compensadora viagem para fora da escuridão e em direção à luz? De acordo com Platão, não. Eles estariam mais propensos a matar o que se permitiu enxergar a luz, porque ele é uma ameaça ao estado das coisas já estabelecido.

Em primeiro plano, este livro propõe a compreensão dos estados robóticos, das repetitivas ilusões, expectativas e frustrações que correspondem a nossa permanência dentro da caverna.

Em seguida, quer mostrar que a saída da caverna se dá por meio do corpo, da mente e do coração. E que a mente – na fisicalidade, o cérebro – tem de ser nutrida, exercitada, tonificada, fortalecida e iluminada para sustentar a felicidade e a paz advindas dessa libertação.

Assim, manter o cérebro e a mente sempre despertos e vitalizados é um compromisso pessoal, pois só assim poderemos exercitar nosso livre-arbítrio e tomar decisões em sintonia com ideias criativas, sem jamais se deixar levar por imagens da mente iludida.

Por fim, este livro propõe a prática de exercícios cerebrais para desenvolver e adestrar a capacidade que temos de usar nosso intelecto (uma conquista humana em eterna provação), a serviço das muitas inteligências submersas no nosso riquíssimo, porém indomado, inconsciente e no aparentemente inacessível superconsciente – partes do cérebro e da mente que pouco estimulamos e às quais quase não damos crédito.

Bem, segundo uma das mais recentes descobertas da neurociência, nenhum exercício para o seu cérebro é tão bom quanto a leitura.

Então, boa prática!

1

A dinâmica das ações

Mente alerta é aquela que busca a sinceridade
em todas as suas ações. (...)
Uma vida sem questionamentos não
vale a pena ser vivida.
– Sócrates

Segundo Sócrates (470 a 399 a.C.), o ser humano precisa fazer melhor uso de seus potenciais mentais para viver uma vida mais consciente.

Embora justifiquemos com a agitação da vida moderna a nossa falta de tempo para refletir, meditar e buscar formas de agir que tragam mais consciência, realização e paz pessoal, parece que desde há muito tempo, pelo menos desde 2.500 anos atrás, quando Sócrates desenvolveu sua linha de pensamento filosófico, o ser humano não se detém para perguntar: o que estou sentindo? O que penso das minhas emoções neste exato momento e como as compreendo? O que faço com elas? Como posso sanar a ansiedade, a ira, os ciúmes, a compulsão ou a depressão que sinto?

É muito importante, antes de tudo, entendermos o modo como usamos nosso cérebro, nossa mente e nossas inteligências para planejar nossas ações.

O diagrama a seguir será útil para a compreensão deste capítulo e também poderá ser usado no decorrer da leitura dos capítulos seguintes, para nos lembrar de onde vem o nosso poder de decisão, de escolha.

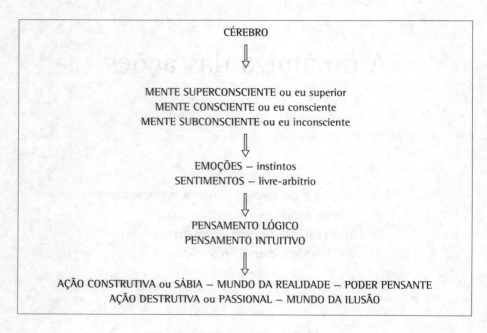

Figura 1 A Dinâmica das Ações

O cérebro e sua gênese

O cérebro pesa cerca de 1,3 kg e apresenta duas substâncias diferentes: uma branca, que ocupa o centro, e outra cinzenta, que forma o córtex cerebral. O córtex cerebral está dividido em mais de quarenta áreas com funções diferentes, e é nele que estão agrupados os neurônios, também chamados de células nervosas.

O cérebro é composto por cerca de cem bilhões de células nervosas, conectadas umas às outras e responsáveis pelo controle de todas as funções mentais. Além das células nervosas (neurônios), o cérebro contém células da *glia* (células de sustentação) e vasos sanguíneos.

Os neurônios

As células que fazem parte do sistema nervoso são chamadas de neurônios e são especializadas em transmitir "mensagens" por meio de um processo que mescla a transmissão elétrica e a química (eletro-química).

O neurônio pode ser considerado a unidade básica da estrutura do cérebro e do sistema nervoso.

Os neurônios existem em diferentes formas e tamanhos. Eles guardam semelhanças com as outras células do organismo, porém apresentam importantes diferenças como:

- Têm extensões especializadas chamadas de dendritos e axônios. Os dendritos (há muitos em cada célula nervosa e se ramificam perto do corpo celular) são responsáveis pela recepção de informações, os axônios (normalmente há apenas um por célula e se ramificam longe do corpo celular) pela transmissão das informações.
- Os neurônios se comunicam através de processos eletroquímicos. O espaço entre o dendrito de um neurônio e o axônio de outro é o que se chama *sinapse*. Na sinapse, os sinais eletroquímicos são transportados por uma variedade de substâncias químicas chamadas neurotransmissores e neurorreceptores, em presença da água, que é um excelente condutor de eletricidade.

Os neurônios variam no que diz respeito a suas funções e podem ser:

- Sensoriais – transportam sinais das extremidades do corpo (periferias) para o sistema nervoso central;
- Motores – transportam sinais do sistema nervoso central para as extremidades (músculos, pele, glândulas) do corpo;
- Receptores – percebem o ambiente (luz, som, toque) e codificam essas informações em mensagens eletroquímicas, que são transmitidas pelos neurônios sensoriais;
- Interneurônios – conectam vários neurônios dentro do cérebro e da medula espinhal.

Os neurotransmissores

Os neurotransmissores são moléculas relativamente pequenas e simples. Cerca de sessenta neurotransmissores foram identificados e podem ser classificados, em geral, em quatro categorias.

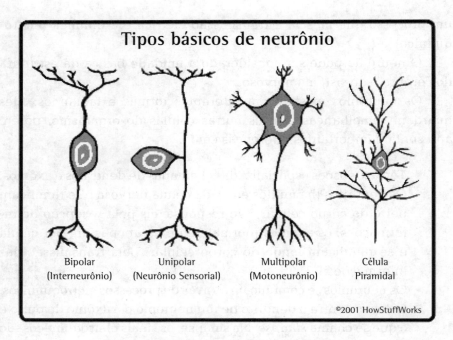

Figura 2 Tipos Básicos de Neurônios
(*Fonte*: http://static.hsw.com.br/gif/brain-neuron-types.gif)

- Colinas – das quais a acetilcolina é a mais importante.
- Aminas biogênicas – a serotonina, a histamina, as catecolaminas, a dopamina e a norepinefrina.
- Aminoácidos – o glutamato e o aspartato são os neurotransmissores que excitam, enquanto o ácido gama-aminobutírico (GABA), a glicina e a taurine são neurotransmissores que inibem.
- Neuropeptídeos – são formados por cadeias mais longas de aminoácidos. Os neuropeptídeos agem como mensageiros químicos, interligando o cérebro com os receptores da pele. Existem mais de cinquenta neuropeptídeos envolvidos na transmissão de sinais entre as células nervosas e o sistema autoimune.

A diminuição dessas substâncias pode provocar alteração do sistema supressor da dor, causando enxaqueca, depressão, ansiedade, fibromialgia, dor crônica, Parkinson, Alzheimer etc.

A gênese

O cérebro humano é a máquina mais sofisticada que sabemos existir. Pena que não venha com manual de instrução, embora inúmeros pensadores, filósofos, sábios e neurocientistas jamais tenham desistido de tentar desvendá-lo.

O cérebro é uma espessa e intrincada teia de células, em que tudo está perfeitamente organizado, dividido, catalogado e indexado. Complicadas conexões nos permitem ver, ouvir, memorizar, vibrar e, ao contrário dos outros animais, planejar o futuro. O mais espantoso é que tudo se faz mediante um projeto meticuloso da natureza, nada se desenvolve ao acaso. As malhas de neurônios são geradas no lugar certo e na proporção exata. Todas as informações necessárias à estruturação dos mecanismos cerebrais já estão demarcadas no "guia de montagem e instalação" oferecido pelo DNA.

Logo depois do nascimento da criança, vários processos são desencadeados no desenvolvimento das funções cerebrais. Um recém-nascido apresenta cerca de um quarto da massa cerebral de um indivíduo adulto, mas já tem quase todos os neurônios dos quais se valerá pela vida. Os neurônios e suas conexões crescem em tamanho, expandem-se e organizam-se em grandes linhas de processamento.

Entretanto, para que o cérebro desenvolva todo seu potencial, é preciso que seja estimulado, provocado, trabalhado em suas centrais de comunicação. Nos primeiros anos de vida, o exercício de "musculação" mental garante o desenvolvimento das fibras nervosas capazes de ativar o cérebro e dotá-lo de habilidades.

Os primeiros quatro anos da criança são particularmente fundamentais para a estruturação das funções cerebrais. Um bebê que passe deitado, sem estimulação física, a maior parte do primeiro ano de vida, certamente apresentará anomalias em sua evolução. É fundamental o estímulo e a exploração no processo de aprendizado. Cada aprendizado torna-se arquivo e ponte para novos aprendizados.

No início da vida, as células nervosas são pequenas e esparsas. Não há uma malha fechada de conexões. Entretanto, os neurônios só processam sensações e informações quando estão agrupados em redes de especialização, que precisam e devem se comunicar com eficiência e rapidez.

O potencial e a amplificação da inteligência estão diretamente associados ao número de ramificações existentes entre os neurônios; essas redes podem ser formadas, integradas e fortalecidas por meio de estímulos nas diversas áreas do cérebro.

Hoje já se sabe, embora haja muito mais por saber, que o declínio, com o avançar da idade, das atividades mentais, entre elas as motoras e de memória, não advém necessariamente da morte das células nervosas, mas muito provavelmente da redução do número e da complexidade das redes de comunicação nervosa.

Pesquisas nos últimos dez anos, em diferentes segmentos da neurociência, sinalizam que neurônios "velhos" podem desenvolver uma ampla rede de novas ramificações para compensar perdas inerentes ao avanço da idade.

Os caminhos usados para estimular o cérebro, aqui chamados de **Exercícios Cerebrais**, são recursos propostos para prevenir, ampliar e, em situações em que não haja sequelas, resgatar nosso poder mental e, mais que isso, nosso poder pensante, ou seja, nosso poder vital de integrar lucidez e presença (estado de alerta) a cada percepção, pensamento, sentimento ou ação.

As partes do cérebro humano

Assim como o corpo físico abriga o espírito, o cérebro humano abriga a mente, as emoções, os sentimentos e todos os comandos vitais do corpo físico, entre eles os cinco sentidos, o controle e a coordenação muscular.

Anatomicamente, o cérebro guarda uma complexidade que a neurociência, embora caminhando a passos largos na última década, ainda não pôde desvendar por completo. Uma central de informações que não pode parar, ligada 24 horas por dia, o cérebro humano requer 25% de todo o oxigênio que o coração bombeia e de uma grande quantidade de glicose, além de muita água e sais minerais, para que todas as reações eletroquímicas aconteçam a tempo e com precisão.

Simplificadamente, e segundo uma visão mais ortodoxa, no sentido lateral, o cérebro se divide em dois hemisférios: o esquerdo e o direito. Cada lado possui áreas funcionais que utilizam milhares de milhões de células nervosas.

O hemisfério dominante na grande maioria dos humanos é o esquerdo, responsável pelo pensamento lógico e pela competência comunicativa. O lado direito é responsável pelo pensamento simbólico, pela intuição e pela criatividade.

- Hemisfério esquerdo – cérebro novo: racional e lógico.
- Hemisfério direito – cérebro antigo: intuitivo, simbólico e criativo.

Do hemisfério esquerdo diz-se "cérebro novo", porque nele localizam-se duas áreas inerentes à razão e ao pensamento lógico de que é dotado o ser humano: a área responsável pela motricidade da fala e a responsável pela compreensão verbal.

Entre esses hemisférios localiza-se o *corpo caloso* – na fissura inter-hemisférica – que é a estrutura responsável pela conexão, uma espécie de ponte de comunicação, entre os dois hemisférios.

De acordo com os padrões modernos da neurociência, longitudinalmente o cérebro divide-se em três regiões denominadas: cérebro reptiliano, sistema límbico e neocórtex.

- Reptiliano (posterior) – a região mais primitiva; responsável pelos instintos de sobrevivência e de reprodução.
- Límbico (interna) – região mais desenvolvida, inerente aos mamíferos, que permite o autocontrole e o senso de responsabilidade.
- Neocórtex (frontal) – região altamente sofisticada; surge quando o homem fica de pé e enxerga o horizonte; é responsável pelo comportamento social, pelo raciocínio abstrato e pelas funções cognitivas superiores.

A parte posterior do cérebro (reptiliana) recebe todas as informações externas e as registra; a parte frontal do cérebro é a responsável por expressar o que foi aprendido.

Um dos propósitos dos exercícios cerebrais é estimular a necessária integração entre as três partes do cérebro e entre seus dois hemisférios, pois quando a integração entre as regiões frontal e posterior é ineficiente, há dificuldade em expressar os sentimentos, o que leva a uma sensação de fracasso, culpa, medo e inadequação; e quando a integração entre os hemisférios é ineficiente, há dificuldade em integrar o lógico e o intuitivo, o que leva à homolateralidade (ausência ou excesso de lógica).

As três mentes

A mente humana é dotada de infinitas possibilidades,
quais são os obstáculos?
Nosso consciente é somente a ponta do iceberg,
10% da totalidade do que somos. – James Mannion

Como um castelo de três andares, nosso cérebro abriga três níveis de consciência. Esses três níveis são a mente subconsciente, a mente consciente e a mente superconsciente.

MENTE SUBCONSCIENTE — EU INCONSCIENTE — MENTE NÃO RACIONAL

Nesse nível de consciência, residem os impulsos automáticos, que representam o arquivo vivo de atos já realizados (atemporal); aí residem o hábito e o automatismo. Na mente inconsciente – esfera dos impulsos instintivos – estão arquivadas todas as experiências da animalidade anterior; por isso, na sabedoria xamânica, esse nível é chamado de *mente antiga*.

A mente subconsciente também é conhecida como *não racional*, porque sua função, tal qual um computador, é armazenar informações e obedecer a ordens sem questioná-las. Ou seja, por não ter nenhuma capacidade de discernimento e raciocínio, a mente subconsciente não se importa com nada, só obedece a comandos, embora seja dotada de imensa inteligência e potencial.

Incansável e servil, a mente subconsciente funciona 24 horas por dia, fazendo aquilo para o que foi programada, normalmente na infância, pelos pais, avós, colegas, professores e pela mídia. Ela armazena todos os hábitos, sejam eles construtivos ou não.

Mente Subconsciente – Mente Não Racional – Eu Inconsciente
Lida com impressões imediatas e inconscientes: estímulo-resposta.
Funciona como um banco de dados e arquivo de ideias inconscientes: emoções, lembranças, imagens, hábitos, impulsos, desejos e instintos.
É responsável pelo funcionamento e preservação do corpo físico.
Gera a maioria dos sonhos, buscando enviar mensagens para a mente consciente.
É incansável; funciona 24 horas por dia.
Funciona segundo a lei da atração – semelhante atrai semelhante.
Examina, classifica e armazena informações (no inconsciente).
Controla os sentidos internos, que atuam via imaginação.
Propaga e armazena as percepções dos cinco sentidos.
Cria canais de comunicação, com objetos e pessoas, por meio de formas-pensamento.

(Extraído e adaptado de *Psicologia da Alma*, de Joshua David Stone, publicado pela Editora Pensamento.)

Para alterar o que está programado, é preciso muito comprometimento e dedicação. Segundo a psicologia, são necessários um mínimo de 21 dias de prática consciente para instalar um novo hábito na mente subconsciente. Só a partir de então o novo hábito se torna uma ferramenta da mente consciente.

Ao reconhecer a influência da mente subconsciente sobre minha força de vontade, tomo o cuidado de nela introduzir uma imagem clara e definida do meu propósito maior de vida, bem como de todos os propósitos menores que levam ao meu propósito maior. E mantenho sempre essa imagem em minha mente subconsciente, repetindo-a diariamente! – Bruce Lee

MENTE CONSCIENTE — EU CONSCIENTE — MENTE RACIONAL — MENTE LÓGICA

Na mente consciente residem o comprometimento, o propósito e a vontade. Somente por meio dela damos os primeiros passos para o uso do "estado de alerta", do livre-arbítrio, do discernimento e da consistência. É nesse nível que se erguem e se consolidam as qualidades nobres que o poder pensante se propõe a edificar. Segundo o xamanismo, saindo do estado instintivo, o homem passa a ter ao seu dispor a *mente nova*.

A mente consciente – sede do esforço próprio e desenvolvimento da vontade – é comparável a um programador de computador: ela tem a função de operar, proteger, manter organizada e limpa (apagando ou reinstalando programas) a mente subconsciente. Ou seja, seguindo os conhecimentos da psicologia, é a mente consciente que governa a mente não racional.

Toda vez que não fazemos uso da mente consciente, é a mente inconsciente que dá os comandos. Quando uma emoção, sentimento, impulso ou pensamento emerge da mente subconsciente, é dever da mente consciente estar alerta e usar suas capacidades de inteligência e discernimento para julgar se o que se apresenta tem poder construtivo e pode se transformar em ação ou se é destrutivo e precisa ser transformado por meio da meditação, da reflexão e do discernimento consciente.

Importante lembrar que a mente subconsciente está repleta de arquivos antigos, e a mente consciente precisa estar desperta, viva e alerta para atualizar e resignificar toda essa programação antiga – às vezes de ancestrais e de outras vidas – e evitar que a mente subconsciente assuma o comando.

Mente Consciente – Eu Consciente – Mente Racional – Mente Lógica
É a direção executiva.
Funciona como uma central de decisões – livre-arbítrio.
Discerne, busca consistência, lógica e justiça.
Tem o poder da vontade, da concentração e da disciplina.
Busca a coragem e a determinação.
Busca a ordem para perceber com clareza.
Busca o discernimento e o raciocínio.
Busca o uso das diversas inteligências.

Pensamento sincero significa pensamento compenetrado, consciência silenciosa. O pensamento de uma mente distraída não pode ser sincero. – Bruce Lee

MENTE SUPERCONSCIENTE — EU SUPERIOR — MENTE ESPIRITUAL

Depois que se consegue alcançar o espaço do silêncio, a mente superconsciente é o lugar da reflexão, da verdade interior, onde encontramos a dimensão das noções superiores. Nesse nível descobrimos o ideal, a ideia e a meta superior a serem alcançados. Quando ouvimos a mente superconsciente, conseguimos compreender as concepções superiores. Não é fácil permanecer muito tempo nesse nível de consciência, mas certamente é esse o lugar de chegada, a grande meta da evolução humana.

Mente Superconsciente — Eu Superior — Mente Espiritual
Pode ser acessada por meio da meditação, do silêncio, dos sonhos, do riso, dos mantras, da intuição ou de um diário.
Sua interferência e ajuda se faz ouvir somente quando solicitada.
Num nível consciente, não interfere no livre-arbítrio.

Plante um pensamento, colha uma ação. Plante uma ação, colha um hábito. Plante um hábito, colha um caráter. Plante um caráter, colha um destino. – Stephen Covey

As emoções e os sentimentos

O bem maior do homem é a realização do seu poder pensante, quando ele consegue dominar as suas emoções, sentimentos e desejos; a partir daí, todos eles perdem o sentido.
– Conceição Trucom

É comum a ideia de que a mente humana só entra em ação depois que já se formou o pensamento. Mas, numa camada mais profunda do que aquela em que se forma o pensamento, surge a emoção/sentimento, que gera o pensamento. Toda ação é decorrente de um perceber (com todos os sentidos) e sentir na mente. O comando da ação **não** é acionado diretamente pelo pensamento. As pessoas pensam porque antes perceberam o ambiente por meio dos sentidos e geraram emoções ou sentimentos.

Se as emoções são geradas por imagens e por distorções dos sentidos, a mente será iludida.

A ação realmente criativa é resultado de um estado de alerta ou da meditação.

Portanto, as emoções e os sentimentos desempenham um papel muito importante, porque são eles que acionam a forma de sentir da mente, os pensamentos e o desencadeamento das ações.

A mente subconsciente é a sede de todas as emoções, de todos os sentimentos. A mente consciente é a área mental onde são registradas as emoções e os sentimentos já experimentados. É por isso que as emoções e os sentimentos gravados na mente subconsciente se manifestam com tanta força.

Mas é fundamental diferenciar emoção de sentimento. Na verdade, eles caminham muito perto um do outro, pois afloram do mesmo ponto da mente, o subconsciente. As emoções são mais reptilianas (primitivas, instintivas, carentes de censura); os sentimentos são emoções que já passaram por filtros conscienciais e espirituais.

O processo evolutivo do indivíduo pode ser determinado pelo fato de ele ser movido pelos instintos e pelas percepções equivocadas e imaginadas (emoção), ou pela espiritualidade, que percebe pacífica e amorosamente a realidade (sentimento).

A emoção é um estado afetivo intenso (eu diria "desafetivo"), muito complexo, proveniente da reação, ao mesmo tempo mental e orgânica, a certas excitações internas ou externas. Na emoção existe forte influência dos instintos e da não racionalidade.

O sentimento se distingue, basicamente, da emoção por estar revestido de um número maior de elementos intelectuais e racionais. No sentimento já existe alguma elaboração no sentido do entendimento e da compreensão; há uma aproximação da reflexão e do livre-arbítrio, da espiritualidade e da racionalidade ou evolução humana. Existe mais afeto para consigo e o entorno.

Segundo Graham Music, psicoterapeuta do Serviço Nacional de Londres, o local da emoção é o corpo, e o local do sentimento é a mente, embora os estados mentais e as experiências emocionais sejam dois lados de uma mesma moeda.

A **alegria** é um sentimento. É espontânea e na maioria das vezes não depende de um motivo ou causa; ela simplesmente acontece e transborda do corpo. Não depende da expressão verbal; ela é calma e contagiante.

A **euforia** é emoção. Ela atropela, é inadequada, sempre verbalizada, incomoda e é pouco diplomática. Normalmente, após a euforia seguem quadros de frustração, depressão e apatia.

O **amor** é um sentimento. O amor anima, une e liberta.

A **paixão** é emoção. Junto com ela vêm de brinde o ciúme, a dor, a insegurança e a possessividade.

O **medo** é um sentimento. Os medos são muitos e até servem como autoproteção, autopreservação ou alerta. Mas ele também é um portal para o amor. O mestre indiano Osho afirmou: *onde não existe amor, só existe o medo, e nada mais.* Coragem (coração + ação) é agir apesar do medo.

O **pânico** é emoção. O medo constante, sem motivo aparente ou real, que paralisa (o coração) e revela falta de lucidez e confiança, fé e amor.

A **tristeza** é um sentimento. Inevitável em algumas situações da vida, ela pode ser vivenciada juntamente com a paz, porque leva à compreensão de que tudo é passageiro e transitório, como é também aprendizado.

A **depressão** é emoção. Revela dificuldades com a afetividade, necessidade de isolamento e sedação, dificultando a perspectiva do todo, o estado de alerta e meditação.

A **raiva** é um sentimento. É da natureza humana expressar o sentimento de raiva, até como um posicionamento, um discernimento. Mas esse sentimento deve ser rápido e passageiro, deve durar o tempo de aprender como transformá-lo em atitudes realizadoras e oportunidades para o exercício da paciência, da tolerância e da compreensão.

O **ódio** é emoção. A raiva que se transforma em mágoa, rancor ou ódio leva à autodestruição, à irracionalidade.

* 25 *

Os três tipos de sentimentos: agradáveis, desagradáveis e neutros

Quando temos um sentimento desagradável, desejamos evitá-lo e escondê-lo até de nós mesmos. Essa é uma excelente maneira de destruir neurônios. O melhor que se tem a fazer no momento em que deparamos com um sentimento desagradável é respirar consciente-mente, a fim de oxigenar a mente e o cérebro, e trazer para dentro de nós vida, renovação e clareza. Assim podemos observar e identi-ficar o que estamos sentindo. É mais fácil lidar com a tristeza, com a raiva ou com o medo se identificarmos esses sentimentos com since-ridade e profundidade. Inspirando e expirando conscientemente, nós nos curamos.

Respirando e tornando-se consciente

A respiração é a forma mais poderosa à nossa disposição para nutrir e fortalecer a transformação das emoções em sentimentos positivos e afetividade. As filosofias orientais dominam esse conhecimento e fa-zem uso dele há milênios. Bons exemplos são os exercícios de alonga-mento, equilíbrio e respiração do yoga e a entoação dos mantras. Por meio da respiração, é possível entrar rapidamente em contato com os "sentires da mente" e observá-los por uma ótica mais clara e oxigena-da e, dessa maneira, administrá-los; discernir, fazer escolhas e tomar decisões com mais facilidade; eliminar os gases ácidos na expiração, para alcalinizar mente e corpo; alterar a frequência das ondas cere-brais e desacelerar a mente, para senti-la de outra maneira, mais de-sacelerada e pacífica.

Se a respiração for leve e tranquila – resultado natural da respira-ção consciente –, a mente e o corpo irão lentamente se tornando leves, tranquilos e lúcidos. E do mesmo modo os sentimentos.

Na cura dos sentimentos desagradáveis é necessário ter cuida-do, amor e não violência. Não acredite em transformações sem medo e sem amor. Quando os sentimentos desagradáveis são observados de forma consciente, eles podem ser muito esclarecedores e propor-cionar revelações e mais compreensão a respeito de nós mesmos e da nossa sociedade.

O sentimento verdadeiro é a compreensão, é o perdão; é aquele que dá uma sensação de paz.

Em vez da ação que busca se desfazer de partes de nós mesmos, devemos aprender a arte da transformação. Podemos transformar nossa raiva, por exemplo, em algo mais salutar, como a compreensão. E, dessa mesma maneira, é possível tratar a ansiedade (medo do futuro) ou a depressão (desesperança).

As emoções partem das ilusões, das expectativas, da distorção da realidade, das imagens da mente inadequada (e a elas retornam). Por isso, ficam comprometidos o discernimento e a capacidade de julgamento. Fica faltando a luz do poder pensante, da evolução espiritual. Se aprendemos a transformar nossas emoções em sentimentos neutros, eles nos farão crescer, nos expandir para a conquista da paz.

Transformando emoções em sentimentos

O primeiro passo para lidar com as emoções é reconhecer cada uma delas no instante em que surgem. O caminho para isso é a sinceridade, a plena consciência.

O segundo passo consiste em se tornar uno com a emoção. Não adianta negá-la e tentar enxotá-la com frases como: vá embora, não gosto de você, você não sou eu, etc. Mais eficaz é aceitá-la e conversar com ela.

O terceiro passo é acalmar a emoção, respirando e oxigenando o corpo e a mente. Para acalmar a emoção, é preciso estar com ela, sentir ternura por ela. Com a mente alerta, é fundamental reconhecer a emoção, sem tentar evitá-la, e perceber sua importância. Durante a expiração, a emoção vai se evaporando e seu poder vai sendo sublimado.

O quarto passo é largar a emoção, soltá-la. Esse passo será a cura.

O quinto passo é olhar a oportunidade para se aprofundar e trabalhar na transformação da raiz daquela emoção, e então se sentir livre. Libertar-se.

O ser humano tem duas maneiras distintas de pensar. Normalmente, favorecemos o pensamento lógico e negligenciamos o modo intuitivo ou analógico de pensar. Existem claras distinções entre essas duas vias de pensamento; é a integração entre elas que capacita o

As duas vias do pensamento

O mundo é como um espelho. Devolve a cada pessoa o reflexo de seus próprios pensamentos. – Luís Fernando Veríssimo

Quando o pensamento está em alguma parte, a alma também está ali, pois é a alma quem pensa. O pensamento é um atributo da alma. – Baruch de Espinosa

Todo pensamento lógico é parcial, nunca pode ser total. Pois é uma resposta da memória e a memória é parcial, porque é o resultado de uma experiência. Assim, o pensamento lógico é a reação da mente condicionada pela experiência.
– Baruch de Espinosa

nosso poder pensante e dá sentido ao mundo em que precisamos estar e viver.

Cada via de pensamento tem objetivos diferentes, mas elas devem funcionar sempre integradas, sustentando a decisão criativa de cada situação ou desafio da vida:

- A via lógica é ideal quando o problema pode ser dividido em partes e tem uma solução conhecida, que exige, para ser atingida, somente que se sigam determinados passos.
- A via intuitiva, espontânea ou analógica é ideal quando é necessário criar, inovar, transformar e lidar com questões novas.

Não é que a intuição ocorre em um lugar e o pensamento lógico acontece em outro. É que a intuição e o pensamento lógico são modos diferentes de funcionamento do cérebro como um todo. – Guy Claxton

O padrão humano é desativar o poder pensante por meio do seguinte raciocínio: o certo é ligar a via lógica e desligar a via analógica ou vice-versa. No entanto, o poder pensante consiste justamente em manter as duas vias ativas, vivas e com pontes de fácil acesso, que possam ser utilizadas para selecionar o modo mais apropriado para cada momento e ambiente da vida. As duas vias devem sustentar uma à outra nas horas em que ambas sejam muito necessárias.

Pensamento lógico Hemisfério esquerdo	Pensamento intuitivo Hemisfério direito
Lida com a consciência cognitiva	Lida com a inconsciência cognitiva
É explícito e articulado (depende da intelectualidade)	Sua inteligência é inconsciente (emocional e afetiva)
Usa a linguagem e os símbolos na tomada de decisões	Leva tempo para decidir, ousa esperar pelo clique da inspiração
Busca o concreto e a certeza	A certeza é "divagar" com o desafio
Avalia as situações de acordo com suas certezas	Percebe as situações além da avaliação inicial
A consciência dos fatos é essencial para a ação	Age sem consciência clara
É objetivo	É flexível e adaptável
Opera na velocidade da linguagem	Opera na velocidade das imagens
É lento e metódico	É rápido, pode lidar com padrões inconscientes e complexos
É metodológico	Desenvolve novos conhecimentos
Encontra soluções práticas e conhecidas	Lida com padrões complexos de identificação das soluções
Tem hábitos conservadores	É original
Avalia as ideias	Gera ideias
Segundo o Xamanismo	
Cérebro Novo	Cérebro antigo
Concreto e orientado pelos cinco sentidos	Extrapola os cinco sentidos
Masculino	Feminino
Lógico	Criativo-Analógico-Intuitivo
Racional	Espiritual
Escrita e linguagem orientada	Símbolos míticos
Símbolos artificiais	Símbolos naturais
Segundo Jung	
Orientada pela sociedade	Orientação primitiva
Orientação física	Orientação espiritual
Lógico e racional	Intuitivo e imaginativo

Pensamento lógico Hemisfério esquerdo *(continuação)*	Pensamento intuitivo Hemisfério direito *(continuação)*
Linear e digital	Cíclico e holístico
Verbal – linguagem orientada	Mítico e pictográfico
Observação	Reflexão
Abstrato	Criador

Segundo o xamanismo, o cérebro antigo é considerado primordial e, por essa razão, a base dos arquétipos ancestrais, dos conteúdos inconscientes, das faculdades intuitivas e dos símbolos míticos. É o caminho da imaginação criativa, dos sonhos e símbolos da natureza, e tem orientação espiritual e feminina.

O cérebro novo expressa o modo alternativo de conhecimento. É nossa mente consciente e, por essa razão, a base do lógico, do racional e do pensamento linear. Essa via tem a função de dominar e, se não estiver em harmonia e equilíbrio, irá suprimir o rico conhecimento e o conteúdo ancestral do inconsciente. É orientado pelo físico e pelo masculino, confiando somente no concreto, nos fatos e nos cinco sentidos (físicos) para o seu desenvolvimento.

A integração de ambos os hemisférios cerebrais leva ao conhecimento holístico acompanhado do pensamento organizado e, consequentemente, desenvolve as múltiplas inteligências, o intelecto aguçado e o real poder pensante.

O pensamento lógico relaciona-se, basicamente, às atitudes que satisfazem os impulsos básicos de medo e de fome (sobrevivência), quando o mais concreto é fazer uso dos aprendizados que já foram testados e estão armazenados em nosso consciente (ou seja, estar sempre pronto para as mudanças e transformações, usando o poder pensante e o estar o presente, para crescer e sair da mera sobrevivência).

O pensamento intuitivo nos faz estabelecer conexões e desenvolver novos padrões. É nessa via que conseguimos desenvolver a consciência da nossa compreensão inconsciente. É nela que vamos além, transformamos, superamos, crescemos, amadurecemos. Isso é um paradoxo, pois é a capacidade do uso da razão que sinaliza a evolução do homem (cérebro novo), mas, mesmo assim, ele não pode abandonar tudo o que já foi construído (cérebro antigo), que contém toda a força criativa.

Nossa cultura supervaloriza o lógico e o concreto, motivo pelo qual inconscientemente sufocamos ou desvalorizamos os ímpetos para explorar, experimentar, inovar, contestar e sair das zonas de conforto.

No entanto, hoje se sabe que as inteligências e o poder pensante são ampliados à medida que construímos mais ramificações e pontes neuronais em cada hemisfério e entre eles. As palavras-chave para construirmos essas extensas malhas de caminhos de acesso fluido entre as duas vias de pensamento são ludicidade, positivismo, bom humor, riso e movimento corporal para construção dessas pontes: os exercícios cerebrais. As ramificações cerebrais são necessárias dentro de cada hemisfério e entre eles.

- No hemisfério esquerdo, para fortalecer o pensamento lógico e a percepção da realidade.
- No hemisfério direito, para fortalecer a libertação de amarras e âncoras, para fazer uso da capacidade humana de ir além do concreto, do lógico.
- Entre os hemisférios – no corpo caloso –, para deixar fluir e permitir que as duas vias de pensamento atuem de forma integrada e com cumplicidade.

O momento da escolha: mundo da ilusão *versus* mundo da realidade

Transformar nosso coração e nossa mente é compreender como funcionam os pensamentos e as emoções. – Dalai Lama

Quando restabelecemos o contato com nossa essência e pureza, integramos a criança interior a nossas múltiplas inteligências. Dessa maneira, podemos brincar e aprender com nossos desafios.

Há duas formas de lidar com as emoções, os sentimentos e os pensamentos:

- A forma saudável, que nos permite perceber e superar os obstáculos inerentes à vida, e

- A forma reptiliana, condição que Candace Pert, neurocientista britânica autora do livro *The Molecules of Emotion*, chama de *emoção não curada*.

Emoções não curadas levam a pessoa a viver num mundo de isolamento crescente, de expectativas e de ilusões, que acabam por se transformar em doenças.

Observando a figura abaixo, podemos perceber nossas construções emocionais como um desafio para a escolha de um caminho entre duas opções. Cada escolha leva necessariamente a um desdobramento, uma consequência, uma colheita. Os caminhos são opostos:

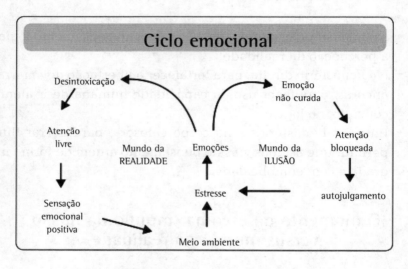

Figura 3 Ciclo Emocional. (Adaptação do livro *O Poder do Riso*, de Mariana Funes, Editora Ground.)

- Escolho crescer, superar, transformar, evoluir → caminho para o MUNDO DA REALIDADE
- Escolho não perceber, decidir, transformar, crescer ou evoluir → caminho para o MUNDO DA ILUSÃO

O mundo da realidade nos conduz à prática da ATENÇÃO LIVRE, para perceber e viver no momento presente, no aqui e agora. Ou seja, os cinco sentidos estão sendo usados com plenitude e existe um Ser em ESTADO DE ALERTA quanto à realidade e suas possibilidades.

O mundo da ilusão, ou pensamento iludido, conduz necessariamente à ATENÇÃO BLOQUEADA, ou seja, os cinco sentidos estão intoxicados, iludidos. Portanto, a visão, a audição, o tato, o paladar e o olfato estão minimizados, adormecidos ou entupidos. Ou seja, a percepção do momento presente está limitada. Os cinco sentidos ocupam grandes áreas especializadas do cérebro e são importantes ferramentas para estimular e exercitar o cérebro: cérebro vivo; mente alerta.

No ciclo emocional esquematizado na página anterior, o ponto de partida é sempre a VIDA acontecendo no MEIO AMBIENTE, quando precisamos interagir com a natureza, os animais, os vegetais, os seres humanos e tudo o mais que nos cerca. Estamos vivos? Então estamos inseridos no meio ambiente.

O ESTRESSE é gerado pelo que desejamos interiormente e o que de fato nos acontece no AMBIENTE externo. Ele tem impacto importante no corpo físico, porque gera neuropeptídeos para que as ações corretas ocorram e preservem nossa vida e saúde, e no corpo psicoemocional, porque nos faz experimentar diferentes sensações e percepções, ou seja, diferentes EMOÇÕES.

Diante da vida, experimentamos emoções como tristeza, desgosto, raiva, ansiedade, alegria, aceitação, frustração, mágoa, medo e surpresa. Se misturadas, essas emoções podem gerar muitas outras. Por exemplo: alegria + medo = culpa, medo + surpresa = alarme, raiva + desgosto = AUTOJULGAMENTO.

Acredito que o estresse e as emoções que ele acarreta podem ser encarados como efeitos saudáveis, pois são como um exercício, a oportunidade da humanidade para sair dos instintos primários e da ação inconsciente e alcançar o Ser que age com discernimento, racionaliza e usa suas múltiplas inteligências.

É no exercício diário do viver que as emoções têm a oportunidade da transformação e do amadurecimento afetivo, quando se tornam sentimentos. A cada minuto, a cada desafio, vemo-nos diante do grande momento da escolha: viver no mundo da ilusão ou no mundo da realidade?

No mundo da ilusão, pouco enxergamos, escutamos e percebemos o mundo que nos cerca. Pouca inteligência emocional ou coletiva será possível. Aqui, raiva será ira, medo será pânico, amor será paixão e tristeza será depressão.

No mundo da realidade, as emoções se transformam em sentimentos e as superações se tornam reais. O medo, a perda e os ganhos acontecem num clima de PAZ. A raiva se torna compreensão, o medo se torna coragem e a culpa se torna aceitação.

Entretanto, a repressão das emoções não irá permitir o exercício do crescimento, do uso da razão e das muitas inteligências disponíveis à raça humana. É preciso deixá-las fluir e observá-las. Respirá-las. Conversar com as emoções – num nível de consciência –, para organizar o caos e elevar o nível de consciência. É preciso respeitar nosso subconsciente "animal" e encarar nossas emoções "irracionais" com atenção e amor.

Negar as emoções ou lutar contra elas é o que a humanidade tem feito há séculos. Não funciona. É ilusão. Escolher o mundo da ilusão, ou seja, lutar contra as emoções bloqueia o fluxo de sinais do cérebro e das células e provoca insuficiências que podem levar ao "emburrecimento", a acidentes e a doenças. A chave é expressar as emoções e deixá-las se manifestarem (em estado de meditação), para que não se solidifiquem, criem bloqueios ou cresçam sem controle na mente inconsciente.

O surgimento da emoção é o momento da decisão. Nesse exato momento podemos ou não dar início ao estado de alerta. A escolha consciente opta pelo caminho rumo ao mundo da realidade. Aqui a emoção já tem possibilidades de se tornar sentimento. A escolha inconsciente seguirá o caminho que leva ao mundo da ilusão. Aqui a emoção irá retroalimentar o estresse e a ilusão.

Quando seguimos o caminho da realidade, passamos da emoção para o sentimento. A transformação da emoção nos dá condição de encontrar as respostas de que precisamos e compreender o aprendizado pelo qual estamos passando.

A prática diária da alimentação desintoxicante é um recurso poderoso, pois permite que a atenção livre seja um estado constante de percepção do momento presente. O riso, a dança, a meditação e o canto de mantras também podem ser bons instrumentos de transformação das cargas emocionais que nos desequilibram e provocam estados de atenção bloqueada, ou seja, jogam-nos diretamente no mundo cavernoso da ilusão.

Quando, diante da emoção gerada pelo estresse diário da vida, seguimos o caminho da ilusão, acreditamos que não é apropriado manifestar ou liberar tais emoções, ou talvez, com o organismo e os cinco sentidos muito intoxicados e densos, não temos a menor ideia de como liberá-las com equilíbrio e segurança.

Armazenamos essas emoções no corpo e as experimentamos como EMOÇÕES NÃO CURADAS que carregamos como subtexto (inconsciente) de tudo o que falamos ou fazemos. Elas ficam "refluxando" horas, dias, meses e anos, e tornam-se emoções viciosas, arraigadas, cristalizam-se e aderem à nossa identidade.

Quando a pessoa é ansiosa, a falta de fé é uma constante na sua vida; essa falta de fé torna-se uma emoção não curada que bloqueia, a todo momento, a atenção às emoções e às intenções pessoais e dos outros. As emoções não curadas provocam ao longo do tempo uma inabilidade para o "estar presente", portanto leva ao não envolvimento pleno com as pessoas e com a vida, com o mundo da realidade.

Imagine que você tenha cem pontos de atenção livre para usar diante de um novo desafio e consome sempre uns sessenta pontos para manter as suas emoções não curadas. Como aquele disco interno, arranhado, que insiste em lembrá-lo: *Está vendo? Eu já sabia que isso ia acontecer! Você não vai conseguir.*

Então, para viver a realidade só restam quarenta pontos, o que é insuficiente para reparar na alegria de um amigo, contemplar um pôr do sol, sentir o cheiro do bolo feito por sua mãe e receber o abraço do seu filho.

Passamos pela vida com pouca atenção livre e, portanto, interagindo de maneira insatisfatória com o mundo que nos cerca, criando mais estresse e ilusão. Quanto menos interagimos com o mundo da realidade, mais aumentamos o nível de atenção bloqueada. Isso faz lembrar uma música de Raul Seixas que falava da *cegueira da visão*.

No mundo da ilusão desenvolvemos o autojulgamento, porque não nos vemos como "normais", "amáveis", "desejáveis" ou "respeitáveis"; e mais estresse é gerado. Esse ciclo dificilmente volta a se conectar com o meio ambiente, com a vida real. Ele é alienante.

Uma vez habitante assídua do mundo da ilusão, a pessoa não se importa com o que acontece na sua vida a cada momento, mas somente com o acúmulo de emoções não curadas. Ela vai se afastando da realidade e se esquecendo do mundo da realidade, do Estado de Presença; vive presa a emoções sentidas no passado, seis meses, um ou dez anos atrás.

Muitos de nós simplesmente não sabemos ou não lembramos em que lugar ficamos presos ao mundo da ilusão, mas podemos começar o quanto antes a usar os recursos que podem nos ajudar no resgate do caminho escolhido pela consciência; aquele em que usamos os cinco sentidos, por meio da limpeza dos cinco sistemas excretores e da experimentação de todos os sabores da vida, cujos portais são as papilas gustativas.

Dessa maneira, vamos tornar possível que as experiências sejam vividas com sensação emocional positiva, que as múltiplas inteligências se integrem e se expressem, que aconteçam a superação e a transcendência. Então, voltaremos para a vida amadurecidos e mais fortalecidos para enfrentar os estresses e os desafios inerentes ao viver!

As três qualidades da ação

Você pode escolher os pensamentos que vai aceitar e os que pretende transformar. É uma questão de vigilância. Uma vez escolhidos, serão depois cristalizados no mundo físico pelas ações. Depois de praticada a ação, as consequências acontecem como na lei da gravidade: não é possível evitar a queda depois que se solta uma bola no ar. – Conceição Trucom

Observando o esquema A Dinâmica das Ações (na p. 14), observamos que há um momento em que tudo o que era invisível e intangível torna-se cristalino e visível.

Mente → Emoção ou Sentimento → Pensamento → Ação

A cada passagem dessa dinâmica, haverá uma possibilidade, a do livre-arbítrio, que irá determinar as bases de construção e transformação (ou não) da etapa seguinte.

Segundo o *Baghavad Gita* [Canção de Deus, em sânscrito], um dos maiores clássicos de filosofia e espiritualidade do mundo, a essência do conhecimento védico da Índia, são três as qualidades da ação. Duas delas resultam de escolhas menos conscientes e uma delas resulta de maior aproveitamento do potencial humano. A todo momento, existe a opção de fazer com que a ação aconteça sob uma dessas três qualidades. E cada atitude, por ser fruto do livre-arbítrio, gera um resultado, que determina uma consequência inevitável (a colheita), cujo único propósito é o aprendizado, a evolução.

A todo instante, somos levados a escolher ou decidir, seja em questões profissionais ou familiares, seja quando vamos nos alimentar ou estamos dirigindo um automóvel. Existe, porém, uma qualidade de atitude que predomina em nós em cada área de nossa vida.

O interessante no momento da decisão (que ocorre segundos antes de o pensamento se tornar ação) é que dificilmente temos clareza nos nossos sentimentos e pensamentos, porque eles são abundantes e dispersos, não são conscientes. Porém, se observarmos nossas ações, poderemos entender como são feitas as nossas escolhas mentais.

As ações são cristalinas, visíveis (mesmo que somente para nós) e multidimensionais: tempo, lugar, pessoas, contextos, fatos, etc. As nossas atitudes são provas contundentes, materializadas, do que estava acontecendo de verdade em nossa mente. Daí nasceu a expressão *ato falho*. (Segundo Sigmund Freud, o ato falho acontece quando o desejo inconsciente é realizado. Isso explica o fato de que nenhum gesto, pensamento ou palavra acontece acidentalmente, mas como sintoma, constituição de compromisso entre o intuito consciente da pessoa e o reprimido.)

Quantas das nossas atitudes são alienadas, inconscientes, impulsivas, emocionais, inseguras, pessimistas, felizes, sensatas ou sábias?

Não percebemos, em meio ao caos das emoções e pensamentos, como as engrenagens estão funcionando. Somente quando alguma de nossas elucubrações mentais se torna uma ação, é possível perceber (ou não) quanto estamos comprometidos com a lucidez e com o nosso poder pensante.

Ação passional ou compulsiva

O comando deste tipo de ação passional ou compulsiva é nos convencer de que, sem o néctar do prazer imediato, não é possível viver. Não há resistências. A sedução é instantânea e imediata. É o chamado impulso compulsivo. O prazer é imediatista. Primeiro o prazer, depois a avaliação das consequências.

O resultado desse tipo de atitude leva o praticante, invariavelmente, num curto prazo, a sentimentos de culpa, insatisfação e decepção consigo mesmo.

Nas atitudes passionais fica a sensação de que a vida não muda. E essa sensação é real porque, para que haja mudança de resultados, faz-se necessária a mudança da atitude mental.

Ação passional	Resultado
Viver o prazer	Decepção
Ceder aos estímulos externos	Ansiedade
Saborear o néctar – Pensar depois	Depressão
	Tristeza
	Insatisfação
	Frustração
	Doenças

Ação destrutiva ou de ignorar

O comando da ação destrutiva vem de vozes do tipo: "Não serei capaz de assumir o comando de minha própria vida", ou "Não quero assumir responsabilidades" ou "Não sou corajoso o suficiente, o preço da coragem é muito alto". Assim, não questiono, não me informo, não quero saber, há um subtexto de indolência e de permanecer na ignorância (na caverna).

Nesse tipo de atitude, o resultado gera muita mágoa e raiva por todos os fracassos e insucessos dos projetos de vida, que geralmente acabam por se cristalizar no corpo físico, na forma de acúmulos (entre eles a obesidade) ou doenças que ao longo do tempo tendem à gravidade.

Como a decisão inicial é por ignorar a realidade e não assumir compromissos ou responsabilidades, a culpa dos fracassos é sempre do outro, do externo.

A energia pessoal dos praticantes desse tipo de atitude é muito autodestrutiva. Pessoas que fumam ou se drogam estão praticando atitudes destrutivas. Pessoas que insistem em comer frituras, muito açúcar e gordura animal, também. O mundo inteiro está passando a mensagem de que isso faz muito mal à saúde, mas a pessoa não quer saber, não quer questionar, não quer mudar.

Ação destrutiva	Resultado
Ausência de questionamento Ausência de busca ou atenção pela informação Passividade Indolência	Fracassos rápidos e sucessivos Raiva Mágoa Doenças

Ação de sabedoria

O aumento da sabedoria pode ser medido, com exatidão, pela diminuição do mau humor. – Friedrich Wil

O comando da ação de sabedoria vem da alma. Ele soa bem mais baixo que os comandos do ego e, em geral, temos muita dificuldade em escutá-lo e praticá-lo. Atitudes de sabedoria necessitam de comprometimento, coragem, determinação, força de vontade, disciplina e concentração. Aqui, a **mente consciente** já mostra sinais de acesso mais frequente à **mente superconsciente**.

Os frutos dessa atitude estão associados com a superação, a vitória, a evolução, a lucidez e a inteligência plural. A sensação interior é de muita gratidão, o que gera paz, serenidade e uma compaixão (estado de graça) transbordante.

A energia das pessoas que praticam atos de sabedoria é de evolução e de crescimento. O corpo alimentado com sabedoria entra num estado de harmonia que propicia e dá suporte a estados frequentes de expansão de consciência.

Ação sábia	Resultado
Comprometimento Coragem Determinação Disciplina Força de vontade Busca diária do autoconhecimento e das leis universais	Prazer – Saúde – Serenidade – Equilíbrio – Lucidez – Discernimento – Expansão da consciência – Evolução espiritual

O poder da palavra e do silêncio

Existem três tipos fundamentais de karma: o pensamento,
a palavra e a ação física visível. – Francisco Xavier

A comunicação entre seres socialmente ativos se faz primordialmente pelo som, por meio da verbalização dos pensamentos. A manifestação sonora – a palavra – é perceptível a todos que possam ouvi-la, mesmo que, estando ausente a função cognitiva, ela não seja compreendida devidamente quanto ao seu significado.

Como nem sempre verbalizamos exatamente o que percebemos, sentimos e pensamos (na verdade nem sempre temos consciência do que percebemos, sentimos ou pensamos), a comunicação pode apresentar distorções e cargas vibracionais contraditórias, em dissonância com os princípios básicos da boa convivência. Nesse caso, a comunicação sonora se mescla à comunicação "silenciosa" entre as mentes, tornando o ambiente, principalmente para quem é sensível e percebe o invisível e inaudível, repleto das mais diversas vibrações, que confundem, causam intrigas, inseguranças, desconfianças.

Se entendermos que o ato de falar é uma ação, bem como o pensar, uma ação silenciosa, cabe a cada um de nós monitorar nosso poder de comunicação por meio da reflexão, da meditação, da respiração e do silêncio. Todo cuidado é pouco. Ore e vigie seus pensamentos, atos e palavras. Antes de falar, perceba-se, filtre, escute, respire e finalmente decida: falo ou silencio? Se se decidiu pelo silêncio, use-o para discernir, para fortalecer a ação assertiva, jamais para julgar.

O xamanismo nos ensina que antes de pronunciar uma palavra, é necessário conferir poder a ela. Não basta utilizar palavras de efeito positivo para alcançar efeitos positivos. Sem dúvida, palavras positivas atraem vibrações positivas; porém, só existe um meio de impregnar a palavra de poder, para extrair dela seu potencial mágico e torná-la sagrada: é colocá-la na prática da verdade; é antes purificá-la pela percepção, pelo sentimento e pelo pensamento (poder pensante).

A mentira não diminui o poder da palavra, ela só acaba com o poder de construção, com as bases de um futuro sólido, pacífico. Quando uma pessoa mente e é descoberta, a sua palavra não vai mais surtir efeito, por mais lindas e poéticas que sejam. Para ser sagrada, a palavra tem que ser acompanhada da conduta, da ação criativa.

Cada vez que usamos a palavra para mentir, ocorre uma redução continuada (enquanto durar a mentira) de neurônios e do poder sagrado dessa palavra, mesmo quando a mentira não magoa ninguém ou, como costumamos dizer, for apenas uma mentirinha sem importância, conveniente. Não se iluda! O poder da ação criativa está sendo fragilizado.

Quando usamos a palavra para blasfemar, para julgar o próximo, para ironizar pessoas ou situações, damos péssimo uso à palavra. Quando damos a nossa palavra e não a cumprimos, seja para nós mesmos, quando dizemos *vou estudar, vou emagrecer, vou romper esta relação*, ou quando não cumprimos prazos, ou quando faltamos a uma data ou local combinado, mesmo que seja por esquecimento (nada acontece por acaso, o esquecimento costuma ser ato falho), enfraquecemos a ação construtiva, a colheita.

Quando pronunciamos uma palavra, dois fenômenos acontecem:

1. Nosso cérebro acredita em nós e registra o compromisso. Portanto, sinapses ficam em "espera", aguardando o cumprimento daquilo que foi afirmado. Nesse caso, tanto a mentira como a procrastinação (adiamentos) são fortes causas da perda de memória;

2. Há uma irradiação de energia dessa palavra para o universo. Como toda energia tem movimento (ondas), e como tudo o que emitimos acaba voltando ao mesmo ponto, o padrão de vibração que vai acaba voltando ao ponto de origem e trazendo de volta vibrações semelhantes para quem as emitiu, como um bumerangue. Semeou? A colheita acontecerá.

Sejamos, então, vigilantes com relação às palavras que pronunciamos, compreendendo que, quando a palavra vale menos do que o silêncio, é preferível o silêncio. E se cada palavra emitida é uma energia, quanto menos falarmos desnecessariamente, mais energia, mais poder, teremos ao pronunciá-la, compreendendo a sabedoria que também pode vir com o silêncio.

Portanto, meditar, refletir e estar em silêncio é um tipo poderoso de **Exercício Cerebral**.

2

As inteligências

Você só ganha poder sobre algo quando esse algo passa
pela percepção da mente lógica e da analógica,
ou seja, quando todo o contexto é levado para o consciente.
– Conceição Trucom

O que é inteligência?

Basicamente, inteligência é a capacidade de encontrar a melhor solução para um determinado desafio no menor tempo possível. Isso significa flexibilidade, versatilidade, criatividade e adaptabilidade, associadas a uma boa lógica e realidade.

Entretanto, esse conceito se amplia cada dia mais. Hoje, diz-se que a inteligência deve ser plural e não singular, e não se mede ou quantifica a inteligência como antigamente. Não importa mais *quanto*, mas *como* se é capaz. A inteligência não passa só pelo cognitivo, ela inclui o afetivo, o emocional, o corporal, resultando numa combinação harmoniosa de vários aspectos e perspectivas. Enfim, ser inteligente é responder de maneira adequada aos desafios da vida, seja qual for o contexto em que se esteja inserido.

A primeira grande "sacada" sobre uma inteligência mais plural aconteceu quando a psicologia identificou a inteligência emocional, um tipo de inteligência que apresenta uma habilidade, uma capacidade de perceber, avaliar e controlar as próprias emoções, as do outro e as dos grupos. O conceito foi introduzido e definido por John D. Mayer e Peter Salovey, em 1985, mas foi popularizado por Daniel Goleman, a partir de 1995.

A **inteligência emocional** ou **afetiva** é aquela que nos permite conviver com as nossas emoções, com as nossas frustrações e com todos os nossos relacionamentos. É por meio dela que desenvolvemos as crenças, o diálogo interior, a autoestima, a autoimagem positiva e a capacidade de nos relacionarmos de modo eficiente e agradável (empaticamente) com a vida e com as demais pessoas.

O QI (quociente de inteligência) se torna uma grande bobagem, porque os gênios só são gênios numa determinada matéria. Garrincha tinha inteligência corporal; Oscar Niemeyer, inteligência espacial; Mozart, inteligência musical; e Oswald de Souza, inteligência lógico-matemática.

Mais recente ainda são os conceitos de **inteligência social** ou **coletiva**, que valorizam o quanto o indivíduo está comprometido com o ecossistema e com a sustentabilidade da Terra.

Diante da crise ecológica mundial, precisamos nos perguntar: Como nos relacionar com o planeta para preservá-lo e garantir a existência de todos os seres que vivem nele? A resposta para essa pergunta está diretamente envolvida com a inteligência coletiva. É preciso que conservemos as condições de vida dos que vivem no presente e as dos que vão viver no futuro. É preciso que tenhamos respeito e solidariedade por todos os companheiros de vida e aventura terrena, humanos e não humanos. É preciso que cuidemos para que todos possam continuar a existir e a viver, já que todo o universo se fez cúmplice para que tudo existisse e chegasse até o presente.

Inteligências múltiplas

A partir dos anos 1980, surge uma teoria desenvolvida por uma equipe de pesquisadores da universidade de Harvard, liderada pelo psicólogo Howard Gardner, que identifica oito tipos de inteligência. Essa teoria teve grande impacto no início dos anos 1990, e tem sido muito usada para direcionar potenciais profissionais. Os oito tipos de inteligência são:

1. Lógico-matemática: capacidade de analisar problemas, operações matemáticas e questões científicas.
2. Linguística: sensibilidade para a língua escrita e falada.
3. Espacial: capacidade de compreender o mundo visual de modo minucioso.
4. Musical: habilidade para tocar, compor e apreciar padrões musicais.
5. Físico-cinestésica: potencial de usar o corpo para dança, esportes.
6. Intrapessoal: capacidade de conhecer a si mesmo, como é o caso dos meditadores, escritores, psicoterapeutas e conselheiros.
7. Interpessoal: habilidade de entender as intenções, motivações e desejos dos outros, como é o caso dos bons políticos, religiosos e professores.
8. Naturalista: sensibilidade para compreender e organizar os padrões da natureza, como os paisagistas, os biólogos e fitoterapeutas.

Com base nos padrões modernos da neurociência e, principalmente, no estudo das funções das três regiões do cérebro (reptiliano, sistema límbico e neocórtex), a dra. Elaine Austin, de Beauport, especialista em educação e desenvolvimento humano pela Universidade Farleigh Dickinson (Nova Jersey, Estados Unidos), propõe uma série de tipos de inteligência e os agrupa segundo a região cerebral em que se originam:

Inteligências mentais ou originadas no neocórtex

- Inteligência racional: utiliza a razão para conectar os pensamentos de maneira sequencial e lógica.
- Inteligência associativa: raciocina por meio de conexões, sobrepondo dados e criatividade.
- Inteligência espacial: percebe informações por meio de imagens ou sons, podendo visualizar ações antecipadamente.
- Inteligência intuitiva: manifesta-se como conhecimento espontâneo, sem interferência da razão.

Inteligências emocionais ou originadas no sistema límbico

- Inteligência afetiva: manifesta-se pela capacidade de se colocar socialmente da melhor forma emocional e afetiva, com equilíbrio.
- Inteligência dos estados de ânimo: manifesta-se por uma sensibilidade que vai do prazer à dor e pela maneira como essa sensibilidade interfere nas ações.
- Inteligência da motivação: manifesta-se no reconhecimento de anseios e desejos, no impulso para conquistá-los e na maneira como isso se reflete nas ações.

Inteligências do comportamento ou originadas no cérebro reptiliano

- Inteligência básica ou instintiva: manifesta-se na capacidade de aproximar-se ou distanciar-se de algo ou de alguém de maneira espontânea.
- Inteligência dos padrões: permite reconhecer as variáveis que condicionam o comportamento humano, possibilitando aceitá-las ou modificá-las.
- Inteligência dos parâmetros: identifica ritmos e rotinas, permitindo proteger determinadas áreas da vida como um modo de preservação da ordem, da segurança e do bem-estar pessoal. A capacidade de viver rotineiramente ou de mudar o ritmo da própria vida caracteriza o uso desse tipo de inteligência.

E, para finalizar, integrando todas essas inteligências, considero importante ressaltar a **inteligência existencial ou espiritual**, a inteligência filosófica e científica, que depende de sabermos usar a capacidade humana do sentir, pensar, refletir, estudar, discernir, planejar e agir fazendo uso de potenciais e possibilidades reais, e evitando ilusões e expectativas falsas, que sempre acabam em ansiedade, frustração e fracasso.

Essa inteligência está sempre buscando ficar alerta às mensagens da **mente superconsciente**. Mas, como ressaltavam os antigos cabalistas, essa mente é inacessível em um corpo sedentário, que cultiva vícios, não respira a natureza ou não pratica a arte budista do silêncio. Bem, as atitudes de sabedoria!

Os superpoderes da mente

O cérebro é elástico

Todas as ações humanas são coordenadas pelo cérebro. O córtex motor é uma área especializada, que se localiza logo acima da orelha e contém um mapa de todo o corpo: um grupo de neurônios coordena os pés, outro grupo coordena as pernas, e assim até o controle da própria cabeça, que contém o cérebro.

Uma pessoa cega que lê textos em braile desde pequena utiliza para o tato uma parte do cérebro normalmente ocupada pela visão. Existem casos de pessoas que perderam certos movimentos corporais e, por meio de exercícios específicos de fisioterapia, recuperam-nos. Isso acontece porque a parte do cérebro que foi lesionada se regenera ou, então, porque outro grupo de neurônios assume a função dos que foram danificados.

Segundo os neurocientistas, o cérebro é muito elástico. Ele se reinventa, cria novos neurônios, novas conexões e novas funções para áreas pouco utilizadas.

Existem condições de pesquisa que possibilitam detectar, por ondas de rádio, o fluxo de sangue oxigenado nas diferentes partes do cérebro. Essa técnica indica quais regiões são mais ativas diante de diferentes estímulos ou situações. Assim, pela primeira vez, ao se mapear um cérebro em funcionamento, observou-se que todo o cérebro trabalha o tempo inteiro, mas, de acordo com o que fazemos, de como utilizamos ou tratamos o nosso cérebro, algumas partes são mais ativadas que outras, o que ao longo do tempo faz muita diferença.

Comparando o cérebro a um músculo, se o exercitarmos, ele estará mais tonificado e protegido. Em caso de danos ao cérebro – sejam eles causados por mal de Alzheimer ou por pancadas na cabeça – é possível constatar que pessoas com bom nível educacional ou múltiplas inteligências sofrem perdas menores da capacidade cerebral. Ao que tudo indica, ter o hábito frequente de exercitar o cérebro cria uma espécie de reserva que gera menores perdas da capacidade cerebral diante do tempo, das fragilidades genéticas ou dos acidentes.

O cérebro pode regenerar e gerar neurônios

Acreditava-se que, antes de o bebê nascer, seu cérebro já estava praticamente formado. Daí em diante, ele poderia aprender coisas novas, mas não desenvolveria novos neurônios. Evitar a perda de neurônios ainda é uma atitude sábia e sensata, mas, em 1998, os neurocientistas provaram que o cérebro pode produzir novas células nervosas ao longo da vida e denominaram essa capacidade cerebral de neurogênese. Foi por terra um mito da ciência segundo o qual a regeneração ou geração de neurônios era impossível.

Desde então, a investigação sobre como surgem novos neurônios e para que eles servem se tornou um dos temas mais pesquisados da neurociência. Dessas pesquisas, podem surgir soluções para se prevenir e curar doenças como a depressão e o mal de Alzheimer, retardar o envelhecimento e até otimizar o funcionamento do cérebro em pessoas saudáveis.

O nascimento de neurônios (e a regeneração de velhos neurônios) aparenta ser setorial e ainda há muito que entender e estudar. Mas não há dúvida de que a neurogênese é um processo importante. Sabe-se, por exemplo, que alguns tipos de derrames aumentam a produção de neurônios. A maioria deles morre, mas alguns conseguem chegar ao local da lesão e formar um "remendo" que não resolve os casos mais graves, mas corrige microderrames que acabam passando despercebidos. Um grande número de doenças, de um modo ou de outro, está ligado à neurogênese. A depressão, o mal de Alzheimer e o mal de Parkinson são bons exemplos. Isso será abordado mais profundamente no Capítulo 4.

O grande sonho dos neurocientistas agora é controlar o processo da neurogênese para fazer o cérebro reconstruir os "buracos" causados pelas doenças ou por acidentes, como também estimular o cérebro de pessoas saudáveis a fabricar neurônios. Alguns fatores que estimulam a neurogênese já são conhecidos:

- Evitar o estresse exagerado, que bloqueia o crescimento de neurônios;
- Praticar o riso e o bom humor, sempre;
- Viver em ambientes ricos em estímulos mentais (os cinco sentidos) e físicos variados;

- Praticar atividades físicas que provoquem oxigenação, endorfinas, alegria, relaxamento e prazer;
- Estar sempre lendo e estudando para aprofundar ou desenvolver novas aptidões;
- Praticar hábitos saudáveis e conscientes de alimentação;
- Ter contato com a natureza, o ar livre e o sol, que estimulam a produção da vitamina D, essencial para o crescimento das novas células.

Junte tudo isso e o seu cérebro (e mente) começará literalmente a "crescer".

O cérebro pode mover objetos

O seu corpo, ao que parece, é muito pequeno para conter uma máquina tão poderosa quanto o cérebro!

Já existem até provas de que o cérebro humano é capaz de comandar objetos fora do corpo. Isso é algo que pode mudar nossa relação com o mundo. Um dos pioneiros nesse tipo de experiência é o neurobiólogo brasileiro Miguel Nicolelis, da Universidade Duke, nos Estados Unidos. Desde 1999, Miguel e sua equipe vêm estudando a capacidade dos primatas para comandar computadores com a mente.[1]

O cérebro pode ler pensamentos

Alguns anos atrás, foram identificados na Universidade de Parma, na Itália, os "neurônios-espelho". Os cientistas conectaram eletrodos no cérebro de um macaco e observaram que um grupo determinado de neurônios começava a funcionar quando ele erguia um determinado objeto. Quando alguém levantava esse mesmo objeto perto do primata, o mesmo grupo de neurônios começava a funcionar no cérebro do animal. Em alguns casos, bastava o som da ação de erguer o objeto para que os neurônios fossem acionados. Nos anos seguintes, os cien-

---

1. Miguel chegou a fazer experiências em que sinais cerebrais de um macaco eram transmitidos via internet e reproduzidos por um braço robótico a mais de mil quilômetros de distância. Depois de um tempo ligado ao aparelho, o cérebro do macaco começou a assimilar a nova extensão como parte do próprio corpo. (Revista *Super Interessante*, Editora Abril, edição 229, agosto de 2006.)

tistas descobriram que, nos seres humanos, os "neurônios-espelho" são muito mais desenvolvidos, envolvem mais áreas cerebrais e são acionados com maior frequência. E mais: essas células estão ativas desde o momento em que nascemos.

Assim, pode-se explicar por que conseguimos, às vezes, até prever as intenções dos outros: uma mudança no odor, na temperatura ou nos gestos pode nos dar sinais que ativam nossos "neurônios-espelho". O mesmo vale para as emoções. Cientistas franceses mostraram que sentir um odor desagradável ou ver pessoas expressando aversão por um odor dispara o mesmo grupo de "neurônios-espelho".

"Esses neurônios, ao que parece, dissolvem a barreira entre a pessoa e os demais", diz o neurologista indiano Vilayanur Ramachandran, da Universidade da Califórnia em San Diego, nos Estados Unidos.

É um ponto em que as mais avançadas pesquisas médicas ganham ar de filosofia oriental: a ideia de que você e os outros são partes de um mesmo todo.

O cérebro pode turbinar seus poderes

Esta é a proposta dos exercícios cerebrais: hidratar, oxigenar, tonificar e finalmente turbinar o funcionamento diário do nosso cérebro. Com exercícios e dinâmicas que fazem parte do cotidiano, mas são realizados de modo programado, atento e frequente, cultivamos um hábito saudável e sábio, que age em nossa vida como um importante tratamento da medicina natural e preventiva.

Mas a neurociência não para, e busca medidas rápidas e eficientes para restabelecer a saúde nos casos em que não se pode esperar, como numa depressão profunda, um elevado nível de dependência química ou perdas acentuadas de memória.

Um dos avanços dessa ciência é a Estimulação Magnética Transcraniana de Repetição (EMTr), uma técnica que permite estimular, inibir e modelar circuitos específicos do cérebro. Trata-se de um ímã potente que pode ser focado em partes específicas do córtex e emite impulsos magnéticos em *flashes* de apenas milésimos de segundo. Um protocolo hospitalar é delicado, pois existe uma dosagem de tempo de magnetização para provocar o estímulo desejado. Dentro dos parâmetros seguros, a máquina faz proezas. "Nós conseguimos usar a EMTr para estimular uma parte do córtex e aliviar a depressão. Também usamos para acelerar o efeito de antidepressivos: em vez de um mês, o remédio apresenta resultados em apenas uma semana", diz o psiquiatra Marco António Marcolin, do Hospital das Clínicas, em São Paulo, pioneiro na técnica. A técnica também estimula a recuperação em derrames, ajuda na interrupção do hábito de fumar, atenua o transtorno de déficit de atenção e até regula o apetite. A grande vantagem é que ela não requer cirurgias nem anestesias e traz resultados que podem se prolongar por meses.

O cérebro pode colocar um freio no tempo

Minha avó sempre dizia: "Quem faz uma vez e não faz bem, três vezes vai, três vezes vem".

Em outras palavras, quando a pessoa não está presente, concentrada ou comprometida com o que está fazendo, acaba perdendo tempo e energia. Ou seja, aquilo que se podia fazer uma vez só, precisa ser corrigido ou refeito (pedir desculpas, justificar, administrar atrasos e prejuízos). A prática diária da meditação é a grande oportunidade para se fazer o resgate do estado meditativo e do poder de se ficar no presente. Por meio dela, não é muito difícil fazer minutos e segundos durarem mais. Essa é a definição de tempo divino.

Existem drogas controladas que provocam a percepção alterada do tempo. Mas a melhor maneira de se obter esse "barato", essa alquimia interna, esse tempo frenado, qualificado e multiplicado pela lucidez e pela clareza, é a meditação. E a ação realizada após a meditação, com certeza será mais assertiva, refletida, consciente e acompanhada de aprendizado, compreensão e possibilidades de transformação e superação. Ganhamos tempo. Atletas no auge da carreira e pessoas muito comprometidas com seus talentos e concentradas em sua atividade compartilham esse conhecimento.

O que se sabe é que, durante a prática meditativa, a frequência das ondas cerebrais cai dos trinta ciclos/segundo das mentes agitadas (dependendo do nível de agitação mental ou do estágio da consciência da pessoa, a frequência pode ser de até setenta ciclos/segundo), para uma frequência conhecida como "estado alterado de consciência" (EAC), ou estado "alfa", em que a faixa da frequência de ondas cerebrais é de oito a doze ciclos/segundo.

Nessas condições de desaceleração da mente, o tempo ganha uma nova dimensão e qualidade. Ele rende e torna-se divino.

Os sete estágios da consciência

A consciência é uma só, mas ela se manifesta em vários estágios, como se fosse uma expansão que acontece em sete etapas. Quando a mente consciente se manifesta, em cada estágio as ondas cerebrais têm uma frequência diferente. Tudo no universo está em movimento, em constante vibração (que se propaga em ondas), o que significa que tudo se inter-relaciona por meio de uma vibração característica.

Como todos os sete estágios da consciência estão presentes no ser humano, ainda que em estado de latência (mente subconsciente), a questão não é em que estágio a mente consciente está, mas em qual ela está funcionando NO MOMENTO. Qual é a sua possibilidade AGORA. Porque daqui a um instante ela pode estar sintonizada em outra frequência, dependendo das suas escolhas, decisões, comprometimentos, estado de presença.

Todos nós oscilamos entre esses sete estágios. A maior parte do tempo, sem a capacidade (maturidade) para estar ali com a frequência e intensidade que desejamos. Num dia só, podemos ficar com medo de não ter dinheiro no futuro e não ter onde morar (o medo do primeiro estágio), depois de uma hora ter medo de ficar sozinho (o medo básico do segundo estágio) e mais adiante ter medo de perder o controle da vida ou sentir uma profunda falta de confiança diante de tudo (terceiro estágio).

Meu convite é que você conheça todos esses estágios para poder refletir sobre eles e observar como a mente (inconscientemente) reage diante dos outros e dos acontecimentos. Em cada estágio, a mente consciente percebe o mundo de uma maneira. Aquele que enxerga o mundo com os olhos do amor e da compaixão, abriu seu coração e está funcionando do quarto estágio para cima. A pessoa que está só com medo da vida, sentindo-se separada da sua fé, desamparada e solitária está sintonizada nos três primeiros estágios. Mas todos são apenas estágios mentais, não são realidades (necessariamente) ou fixos.

A grande questão é perceber que estágios predominam em seus hábitos e atitudes. É natural que cada um deles predomine num deter-

* 52 *

minado momento. O universo é inteligente. Você já notou que seu cabelo cresce sem você controlar? E que sua unha cresce, seu sangue circula, sua respiração acontece independentemente da sua escolha? O universo é mágico e surpreendente. Quantas coisas estão acontecendo e não estão sendo feitas por nós conscientemente? Por que achamos, então, que podemos controlar tudo o que acontece ao nosso redor?

Cada estágio tem sua função e é perfeito em si mesmo. Ao longo da evolução, passamos por esses vários estágios. Precisamos conhecê-los e reconhecê-los em nós, pois todos são importantes, são etapas de construção e sustentação na expansão da consciência.

Não devemos nos julgar por sentir medo. Segundo o Taoismo, precisamos do medo para conhecermos o seu oposto, que é o amor. Como conhecer o sutil sem conhecer o denso? Como conhecer o alegre sem conhecer o triste? Como conhecer o sucesso sem conhecer o fracasso? Se você não tem o contraste, não consegue perceber as coisas. Sem os três primeiros níveis de consciência, não é possível conhecer os demais. É do medo que nasce o amor, da desesperança que nasce a gratidão.

Os sete estágios

O primeiro estágio da consciência humana é caracterizado pela sobrevivência. Um teto onde morar, algo para comer. É a base para a formação do ser humano. Um corpo sadio e saudável.

O segundo estágio da consciência é caracterizado pelo desejo de sexo e poder. O desejo de dominar, competir e ter sexo pelo sexo. Não há o encontro entre dois seres, apenas o encontro entre dois corpos. Se, para preencher seu vazio, a pessoa precisa estar sempre no controle de tudo, ela estará funcionando a partir do segundo nível de consciência. A mente vive sob o império do medo nesse estágio. Medo de perder o controle. Medo de não possuir o outro. Medo de perder o poder.

O terceiro estágio é marcado pelos relacionamentos. Relacionamentos mais profundos que no segundo estágio porque, agora, além do sexo, há ternura, carinho, amor, atenção e cuidado. É claro, há também posse, controle, inveja, ciúme e infinitas possibilidades a mais que o segundo estágio. A grande maioria dos relacionamentos de amor que conhecemos está nesse estágio; trata-se de uma marcante troca de emoções e sentimentos que variam entre bons e desagradáveis.

* 53 *

O quarto estágio é o amor. Aqui, a consciência humana experimenta o amor. Esse estágio não é uma alternância entre amor e ódio, amor e medo. É Amor com letra maiúscula. Nesse estágio, funcionamos numa entrega à vida. Enxergamos a vida como um milagre. Há vislumbres do amor que as pessoas são, porque, quando a mente consciente está funcionando neste quarto estágio, muitos problemas e dificuldades desaparecem e outros acontecem para confirmar e testar o aprendizado, a evolução.

É um engano pensar que podemos evitar nossos desafios. Os desafios não desaparecem e, mais do que isso, eles são os portais da transformação. Sem enfrentá-los, sem superá-los, não chegamos aos estágios mais elevados de consciência. Na verdade, o que acontece é que, num estágio de consciência mais elevado, mudam os prismas, muda a ótica. Surge uma nova maneira de perceber os fatos, as vibrações, e a certeza de saber lidar com todos os desafios. Existe a certeza incondicional de que somos todos amparados.

Quando a percepção da mente consciente muda, tudo é visto de outra maneira, porque o mundo e a vida são o conjunto de crenças e sentimentos pessoais que temos sobre o mundo e a vida. Aquilo que penso ou sinto é minha percepção. Mas existem outras maneiras de escutar, enxergar e sentir as mesmas coisas.

O quarto estágio de consciência é muito frágil. Nele ainda é fácil nos identificarmos com os problemas e conflitos dos três primeiros estágios.

Os estágios são regidos por emoções, sentimentos e pensamentos (medo, amor, culpa, ansiedade, leveza etc.), que são como filmes e diferenciam um estágio da mente de outro. Mas quem é você? Um estágio da consciência ou aquele que percebe que é preciso atingir esses estágios?

Se você perceber que os estágios se alternam e que você se identifica ora com um, ora com outro, haverá uma nova percepção de sua identidade. Se você é aquele que vê o filme, aquele que nota que os estágios mudam, você é a pura consciência que percebe. Essa pura consciência que percebe é o *observador*. A prática da meditação é o início da chegada nesse novo ponto de vista.

No quinto estágio da mente consciente, há um observador que se identifica com a mente. Ou seja, você percebe que há algo em você que observa e que não é aquilo que observa. Esse observador foi chamado por algumas religiões de Espírito Santo.

Quando percebe que esse observador é você, e você não é quem pensava que era (o ator dos três primeiros estágios), então você toma consciência do quinto estágio, que é pura observação sem julgamento, pois não há conceitos a serem julgados nesse estágio, somente a serem observados.

O quinto estágio encara os quatro primeiros sem julgar, comparar, analisar, comentar, opinar, usar lógica ou argumentar. Nele, só existe a pura observação. É a prática da meditação em essência. Os mestres espirituais, os sábios e nós, buscadores do poder pensante, procuramos aprender a observar os pensamentos, as emoções, os sentimentos e as sensações corporais sem julgá-los, sem atribuir-lhes valores de bom ou mau, e a isso chamam de meditação.

Quem julga são os quatro primeiros estágios. É a mente consciente que necessita comparar o tempo todo, pois é o espaço do ego ativo. Se você apenas observar a mente julgando, irá aprender lentamente a separar o julgador do observador, que somente percebe o julgador atuando.

Quando aprendemos que quem está julgando é a nossa mente e que o quinto estágio é puro silêncio e está cheio de amor, percebemos que pensamentos e sentimentos só incomodam quando nos identificamos totalmente com eles. Aprender a se desidentificar dos pensamentos e dos sentimentos desagradáveis só é possível por meio da meditação. Os pensamentos e os sentimentos estão lá, mas não são mais controlados pelo ego. E um milagre acontece: toda aquela energia dissipada pelo desequilíbrio emocional e que estávamos desperdiçando é preservada. É por isso que as pessoas dizem que o yoga e a meditação ajudam a conservar energia. A mente fica mais clara e deixa de criar problemas desnecessários.

Dizem os sábios que o sexto e o sétimo estágios são vivenciados pela graça divina. "Você não pode fazer nada para alcançar a iluminação", dizia Buda, porque a iluminação é uma entrega total ao Divino. Jesus Cristo se entregou totalmente quando disse: "Pai, seja feita a Tua vontade". Buda Gautama também se entregou quando disse: "Descobri que não existe um eu, que tudo é vazio, que a vida faz tudo por mim". Krishnamurti dizia: "O pensamento é passado. Descubra o que está presente Agora". Osho disse: "A iluminação acontece quando não há nenhum desejo de ser diferente do que você é. Então Deus o ilumina com sua Graça quando você relaxa e confia". O sábio Gurdjieff dizia: "Você não tem um centro. O centro é sua alma. Você é, nesse instante, muitos desejos desconexos. Você tem de trabalhar para descobrir seu centro". O sábio hindu Yogananda dizia: "Só um coração que conhece o amor pode ver Deus".

Os mestres iluminados desaparecem como um *eu*, porque não querem mais controlar a vida. Eles conhecem os estágios da consciência e não se identificam com nenhum deles, pois sabem que são puramente consciência, além de qualquer estágio. Uma mente consciente que observa.

Um mestre iluminado vê a vida como uma grande brincadeira cósmica. Vê a unidade de tudo e não julga aquilo que vê; nota que todas as pessoas são iluminadas e que apenas precisam transformar o potencial em realidade.

* 56 *

3

Os alimentos do cérebro

O que coloco no meu prato tem muito a ver com as minhas crenças, como cuidar do meu Ser e da Terra.
— Conceição Trucom

A mente anda cansada, com preguiça de pensar, planejar e aprender?

E pior, você vive tendo brancos: Para onde estou indo mesmo? Sei que tenho que comprar algo... Caramba, esqueci a panela no fogo! Qual é mesmo o nome daquele ator?

Bem, isso é sinal de que você está se esquecendo de colocar alguns alimentos no seu prato. Afinal, um cérebro saudável e vivo depende de uma alimentação consciente e revitalizante.

Que o consumo de sementes ricas em sais minerais faz bem à manutenção das células cerebrais todo mundo já sabe. Mas os neurobiólogos não param de realizar estudos, e a lista de alimentos que fortalecem as funções cerebrais fica cada vez mais focada no mundo dos vegetais frescos e dos grãos integrais.

Nas frutas, por exemplo, (mais precisamente no morango, no pêssego, na uva, no kiwi, no tomate, na maçã e também na cebola e no espinafre) encontra-se a fisetina, que segundo o Instituto Salk de estudos biológicos, na Califórnia (EUA), é fundamental para manter a memória "jovem", pois sua função é estimular a formação de novas conexões entre os neurônios e fortalecê-las.

Esse fenômeno pode ser explicado pelo fato de haver, nesses vegetais, quando frescos e crus, concentrados de compostos antioxidantes, que neutralizam os danos dos radicais livres no cérebro, melhorando a juventude, a sanidade das células e a capacidade delas de se comunicarem com todas as partes do organismo e de armazenarem informações.

Na fração oleosa das sementes, nos grãos integrais e na gema do ovo, encontramos uma grande gama de substâncias, que são muito amigas do cérebro. Vamos conhecê-las:

- Zinco, Selênio, Ferro e Fósforo – sais minerais que participam de inúmeras trocas elétricas e mantêm o cérebro acordado e ativo (elétrico). Estão presentes em todas as sementes e grãos, em raízes e nas folhas verde-escuro.
- Ácido cítrico – substância que participa ativamente do Ciclo de Krebs ou Ciclo do Ácido-Cítrico, quando representa um papel fundamental na respiração celular e na geração da energia humana. Presente em todas as frutas ácidas, mas sua maior concentração (5 a 7%) está nas diferentes variedades de limão.
- Vitamina E – tem ação antioxidante. Presente em todas as sementes e grãos, como também em óleos vegetais prensados a frio.
- Vitamina C – tem ação antioxidante. Presente nas sementes frescas e cruas que foram pré-germinadas, assim como na maioria das frutas.
- Vitaminas do complexo B – regulam a transmissão de informações (as sinapses) entre os neurônios. Presente nas sementes e nas fibras dos alimentos integrais.
- Bioflavonoides – polifenóis com forte ação antioxidante. Além das sementes, são encontrados também no limão, nas frutas cítricas, na uva e nas folhas verde-escuro.
- Colina – participa da construção da membrana de novas células cerebrais e na reparação das já lesadas. Presente na gema do ovo e em todas as sementes e grãos (predominância na soja), como também em óleos vegetais prensados a frio.
- Acetilcolina – neurotransmissor fundamental para as funções de memorização no hipocampo. Presente na gema do ovo e em

todas as sementes e grãos (predominância na soja), como também em óleos vegetais prensados a frio.

- Fitosteróis – estimulante poderoso do sistema de defesa do organismo, que reduz a proliferação de células tumorais, infecções e inflamações. Presente em todas as sementes e grãos, como também em óleos vegetais prensados a frio.
- Fosfolipídeos (entre eles a Lecitina) – funcionam como um detergente, "desengordurando" todos os tecidos por onde passa. Além disso, participam na recuperação das estruturas do sistema nervoso e da memória. Presente em todas as sementes e grãos (predominância na soja), como também em óleos vegetais prensados a frio.
- Ômega-3 – funciona como um anti-inflamatório poderoso, evitando a morte dos neurônios. Existem somente três fontes: os peixes de águas frias e profundas e as sementes de linhaça e de prímula.

Não se esqueça de ter sempre na despensa

Sementes cruas e sem sal: linhaça, gergelim, girassol, abóbora, castanha-do-pará, castanha-de-caju, noz-pecã e macadâmia. Lembre-se também das sementes da melancia, do pepino e do melão.

- Óleos: azeite extra-virgem ou óleos prensados a frio – linhaça, girassol, gergelim e soja. Lembre-se (os não vegetarianos) do famoso óleo de fígado de bacalhau.
- Leguminosas: soja, ervilha, lentilha, grão-de-bico, feijão-branco, azuki e os demais.
- Frutas: limão e as demais cítricas, uva, maçã, kiwi, pêssego, morango e demais frutas vermelhas (amora, cereja), abacate, tomate e azeitona.
- Cereais integrais: arroz, trigo, aveia e centeio, como também o germe de trigo.
- Verduras: todas as folhas de cor verde-escura, como todas as couves (manteiga, couve-flor), a bertalha, o brócolis, o espinafre e a rama da beterraba e de cenoura, e outras raízes comestíveis.

- Legumes e Raízes: principalmente os de cores vivas como a cenoura, a beterraba, a abóbora, e a cebola e a cebolinha.

Se você não é vegetariano, lembre-se de que os peixes (com moderação) não devem faltar quando o propósito é cuidar do cérebro, da capacidade de se concentrar e da memória. Os mais interessantes são os de água fria, ricos em ômega-3, como salmão, sardinha, anchova, atum, arenque e cavala.

Os alimentos neuroprotetores

Os alimentos neuroprotetores são os agentes antioxidantes, como os bioflavonoides e os carotenos, presentes nas frutas cítricas, na uva (principalmente as escuras), nas frutas vermelhas (morango, amora e cereja), nas frutas amarelas (pêssego, caqui, mamão, manga e damasco) e na maçã. Quanto às hortaliças, insista nas de folhas escuras, como as couves, a bertalha e o espinafre; quanto aos legumes, aposte na abóbora, na cenoura e na beterraba.

A vitamina E (tocoferóis) está presente nas sementes e nos óleos vegetais prensados a frio, como o de soja, linhaça e girassol, assim como no germe de trigo. Dispense os óleos vegetais refinados, que são pobres em micronutrientes de valor terapêutico.

Entre os minerais, as revelações são o zinco – encontrado em doses generosas na semente de abóbora, no iogurte (opte pelo preparado a partir de leites de sementes) e nos cereais integrais; e o selênio, que está concentrado na castanha-do-pará e em menores doses nos grãos integrais, na cebola e no alho.

Por fim, o ômega-3 dos peixes de água fria, que também protege os neurônios. Mas ele está presente em altas doses na semente de linhaça, principalmente a marrom, e no seu óleo prensado a frio.

Os alimentos regeneradores das células

A colina e a lecitina, substâncias encontradas em abundância na fração oleosa da soja e na gema do ovo, têm papel fundamental na composição da membrana gordurosa que reveste os neurônios. E as funções cerebrais de aquisição e armazenamento de novos dados exigem mais colina ainda, por causa da formação de novas células. Bem, muitos optam por não comer ovos, e nem recomendo consumir ovo em excesso, mas é possível fazer uso diário de suplementação alimentar com a lecitina isolada de soja (1 grama/dia).

A colina e a lecitina estão presentes também, em menor concentração, no germe de trigo, nas leguminosas (feijões) e no levedo de cerveja. Está provado que o consumo de alimentos que contêm colina durante a gravidez e na fase de aleitamento influi beneficamente no desenvolvimento cerebral da criança.

Os alimentos que estimulam as conexões cerebrais

Os alimentos desse grupo contêm substâncias que facilitam a comunicação entre os neurônios, aumentando também a capacidade de pensar, de se concentrar, de aprender e de memorizar. É o caso da fisetina, que está presente nas frutas já citadas anteriormente.

As vitaminas do complexo B também facilitam a comunicação entre as células e tais substâncias são mais comuns em alimentos de origem animal como carnes, peixes, aves, vísceras, leite e derivados. Entretanto, a digestão das proteínas animais desencadeia elevada carga ácida no organismo, fato que acaba por anular seus bons benefícios. O mais indicado é concentrar-se no consumo dos alimentos de origem vegetal, idealmente crus, e, no caso das sementes (com exceção das sementes de abóbora), potencializá-las com a pré-germinação (deixar de molho por oito horas em água filtrada).

Por fim, o fósforo, que se encontra nos peixes, no germe de trigo e nas sementes de girassol e de abóbora.

Os alimentos que comprometem a saúde do cérebro

Procure fugir de alimentos que causam picos glicêmicos – eles aumentam a taxa de glicose no sangue e no cérebro –, como o açúcar (principalmente o refinado), as massas e os cereais refinados, a batata-inglesa e os doces em geral. Eles aumentam a produção de insulina e de ácido aracdônico, grandes responsáveis pelos processos inflamatórios, que aceleram o envelhecimento e a morte das células cerebrais. Do ponto de vista metabólico, sabe-se que logo após os picos glicêmicos gerados pelo consumo excessivo de açúcar e amidos, são inevitáveis os quadros de hipoglicemia, que é a queda vertiginosa do teor de glicose no sangue. Essa situação desarticula todas as funções sensoriais do cérebro, assim como a sua produtividade, o seu poder de comunicação interna e a sua capacidade de armazenar dados. Tanto isso é verdade que a reação natural de um cérebro em estado de hipoglicemia é o sono, ou seja, tudo entra em ritmo lento.

Evite também as drogas, que geram produção massiva de radicais livres (como é o caso do cigarro e do álcool), o café e os alimentos muito processados e aditivados. Os radicais livres são especialistas em destruir neurônios e outras células do organismo.

Por último, evite as frituras e as gorduras de origem animal, que tornam as membranas celulares rígidas e pouco porosas, inviabilizando a fluidez e a qualidade das trocas químicas e eletroquímicas, tanto relacionadas à nutrição, como à limpeza orgânica, à desintoxicação e à comunicação celular/neuronal.

Alimentação consciente e alimentação desintoxicante

O bom-senso diz: não acredite que um único alimento, isoladamente, tenha o poder de resgatar a saúde de seu cérebro, sistema nervoso ou sistema imunológico. A alimentação consciente e balanceada, assim como a alimentação desintoxicante são propostas alimentares que dão sustentação à vida; por isso, mais que terapêuticas, são preventivas.

Optar por alimentos escolhidos e elaborados de modo consciente é um hábito que valoriza a vida e também respeita a natureza, pois leva em conta a diversidade de opções e as estações do ano.

Proteínas, gorduras nutricionais (de origem vegetal), carboidratos, minerais e vitaminas, na dose certa e balanceados, manterão não só a saúde de todas as partes do organismo, como também a memória e todas as outras funções do nosso maestro: o cérebro.

Alimentos de origem vegetal, sementes e grãos integrais são os eleitos para a alimentação consciente. Bons exemplos são as saladas cruas; os legumes amornados ou grelhados, ensopados ou no vapor, o arroz integral feito com legumes (à jardineira), as sopas e cremes de legumes, os peixes e ovos (para quem não é vegetariano) e as frutas frescas ou secas.

A ingestão diária dos sucos desintoxicantes, considerados verdadeiros "coquetéis da vida", são perfeitos para "um banho interno" diário, que nos livra de todas as toxinas e venenos acumulados ao longo de anos. Desintoxicar-se diariamente é uma atitude de sabedoria. Todos os órgãos e sistemas agradecem pelo alívio da carga tóxica, inclusive o cérebro, que passa a se comunicar melhor com seus componentes e com todas as demais células do organismo.

Este livro não tem o propósito de ensinar ou sugerir receitas culinárias. Recomendo a leitura do meu livro *Alimentação Desintoxicante* (Editora Alaúde), no qual há inúmeras receitas de sucos, chás, lanches e sopas desintoxicantes.

Alimentar-se *versus* comer

Alimentar-se significa nutrir-se, hábito diário que envolve várias refeições com intervalos de três a quatro horas; seu objetivo é suprir o organismo com todos os nutrientes básicos que dão sustentação à vida: os carboidratos (energia), as proteínas (construção celular), as gorduras nutricionais (equilíbrio hormonal), as vitaminas, as enzimas, os sais minerais, os antioxidantes e outros mais. Isso é muito diferente de *comer*, que, segundo o dicionário, significa colocar qualquer coisa goela abaixo. É uma grande diferença!

Pensemos na seguinte situação: um concurso para selecionar o responsável pelo cardápio diário de um colégio interno. Depois de uma avaliação prévia, os finalistas foram um cozinheiro e um médico. A prova final consistia no preparo de um cardápio, cujo objetivo fosse proporcionar o melhor para o desenvolvimento das crianças e dos adolescentes.

Antes de servir as refeições, cada um dos concorrentes fez um discurso para os estudantes, sobre a sua profissão e os motivos pelos quais consideravam seus pratos importantes para a saúde dos alunos. Para julgar e pontuar, o diretor do colégio selecionou um grupo de alunos, que elegeria qual dos dois concorrentes, o médico ou o cozinheiro, seria o responsável pela alimentação diária dos alunos.

O médico, com sua formação, sabia quais são os alimentos mais nutritivos e as combinações mais adequadas para a boa formação das crianças. Seus pratos eram baseados em alimentos integrais, muitas verduras, legumes e frutas, nada de frituras, açúcar, congelados ou industrializados.

O cozinheiro, bastante interessado em agradar as papilas dos jurados, apresentou sobremesas açucaradas, frituras e tudo muito colorido artificialmente.

No seu discurso, o médico falou de saúde, disposição, vitalidade, capacidade de concentração e medicina preventiva para evitar anemia, diabetes, osteoporose, obesidade e doenças cardiovasculares. "O meu cardápio, crianças, tem o firme propósito de lhes proporcionar muita saúde!"

O cozinheiro, por sua vez, disse: "Não quero preparar para vocês comidas difíceis de mastigar, com sabores estranhos; nem alpiste, nem brócolis. Minha comida é linda, brilhante, tem muito sabor e um aroma que invade a sala de aula, antes mesmo de vocês chegarem ao refeitório. Vocês são jovens e não têm sentido se privarem de tanta coisa gostosa só para se prevenir de doenças que vão acontecer, se acontecerem, daqui a muitos anos".

Não é difícil imaginar que os pratos apresentados pelo cozinheiro eram muito mais atraentes. Entre aquele que proporciona prazer e aquele que visa à saúde e à consciência, os jovens escolhem o primeiro. É muito importante que nos conscientizemos, e aos nossos jovens, que o prazer isolado não é uma atitude de sabedoria. Alimentar-se é fazer um *bem*, e nesse ato podemos nos deleitar com o prazer dos sabores, aromas e texturas naturais e, ao mesmo tempo, promover estados de saúde, lucidez e maior consciência.

Os vilões do cérebro e da memória

- Dormir pouco ou dormir demais
- Vida sedentária e estressante
- Emoções e sentimentos mal administrados
- Tabagismo
- Alcoolismo
- Alimentação inconsciente e não balanceada
- Atitudes passionais e destrutivas
- Mau uso dos pensamentos e das palavras

4

O sono – Lembre-se de rebobinar seu cérebro

O organismo tem horários. É claro que o tempo anda apertado, mas dessa engrenagem não podemos fugir. A hora do sono é sagrada para a reposição celular. O metabolismo basal fica, no mínimo, em marcha lenta, permitindo o repouso, a revitalização. Para as crianças, a vovó dizia: "Quem não dorme não cresce". Para os adultos, o conselho é: Quem não dorme não se restabelece, não se regenera; o cérebro não rebobina.

Longe de ser apenas um descanso, o sono ajuda a consolidar as memórias e tem grande importância para o aprendizado e o equilíbrio emocional. Essa informação quem dá é Sidarta Ribeiro, diretor científico do Instituto de Neurociência de Natal.

O sono é muito importante para a consolidação da memória. Quando aprendemos algo durante o dia, o cérebro armazena esse aprendizado em determinadas áreas, e somente durante o sono essa memória (aprendizado) migra das áreas de entrada iniciais para áreas mais perenes. Além disso, as memórias são fortalecidas por mecanismos tanto moleculares quanto fisiológicos. Assim, o sono é fundamental para consolidar a memória, os aprendizados, o equilíbrio emocional e afetivo. E quem consolida bem a memória a cada noite bem dormida está mais apto para solucionar os desafios cotidianos, ou seja, é mais inteligente.

Mas não é só isso. Nós também temos a possibilidade de sermos mais criativos, gerarmos novas ideias, termos inspirações, vermos novas perspectivas e visualizar novos caminhos. Os sonhos e o sono reparador propiciam transformações e novos comportamentos.

Alguns fatos comprovados por pesquisas podem nos dar uma ideia da importância que tem o sono para o nosso desempenho físico e mental. Por exemplo, num estudo realizado pela Universidade de Stanford (EUA), indivíduos que não dormiam havia 19 horas foram submetidos a testes de atenção. Constatou-se que eles cometeram mais erros do que pessoas com 0,8 g de álcool no sangue – o equivalente a três doses de uísque. Igualmente, tomografias computadorizadas do cérebro de jovens privados de sono mostram redução do metabolismo nas regiões frontais (responsáveis pela capacidade de planejar e de executar tarefas) e no cerebelo (responsável pela coordenação motora). Esse processo leva a dificuldades na capacidade de acumular conhecimento e a alterações do humor, comprometendo a criatividade, a atenção, a memória, as relações e o equilíbrio.

Além do descanso mental, durante o sono ocorrem vários processos metabólicos que, se alterados, podem afetar a harmonia de todo o organismo a curto, médio e longo prazo. Estudos provam que dormir menos do que o necessário – qualitativamente – resulta em menor vigor físico, envelhecimento celular precoce, maior vulnerabilidade a infecções, obesidade, hipertensão e diabetes.

As fases do sono

A longo prazo, a privação do sono pode comprometer seriamente a saúde, uma vez que é durante o sono que são produzidos alguns hormônios que desempenham papéis vitais no funcionamento de nosso organismo. Por exemplo, o pico de produção do hormônio do crescimento (também conhecido como GH, a sigla em inglês de *Growth Hormone*) ocorre durante a primeira fase do sono profundo, aproximadamente meia hora após a pessoa dormir.

Esse hormônio, entre outras funções, ajuda a manter o tônus muscular, evita o acúmulo de gordura corporal, melhora o desempenho físico e combate a perda óssea. Estudos comprovam que pessoas que dormem pouco reduzem o tempo de sono profundo, e, em consequência, a produção do GH.

As Fases do Sono

Fase 1 Sonolência e indução do sono. A melatonina é liberada.

Fase 2 Sono leve. Diminuem os ritmos cardíaco e respiratório. Os músculos relaxam e cai a temperatura corporal.

Fases 3 e 4 Sono profundo. Pico de liberação do GH e da leptina. O cortisol (hormônio da tristeza e do estresse) começa a ser liberado.

Sono REM REM (Sigla em inglês de movimento rápido dos olhos. É o pico da atividade cerebral, quando ocorrem os sonhos. O relaxamento muscular chega ao auge e voltam a aumentar as frequências cardíaca e respiratória.)

A leptina, hormônio capaz de controlar a sensação de saciedade, também é secretada durante as fases 3 e 4 do sono. Pessoas que permanecem acordadas até muito tarde produzem menor quantidade de leptina, o que desencadeia a famosa fome noturna.

Com a redução das horas de sono, a probabilidade de desenvolver diabetes também aumenta. A falta de sono inibe a produção de insulina (hormônio que retira o açúcar do sangue) pelo pâncreas, além de elevar a quantidade de cortisol, o hormônio do estresse. Esse hormônio tem efeitos contrários aos da insulina, fazendo com que a taxa de glicose (açúcar) no sangue se eleve, o que pode levar a um estado pré-diabético ou, até mesmo, ao diabetes propriamente dito. Num estudo, homens que dormiram apenas quatro horas por noite, durante uma semana, passaram a apresentar intolerância à glicose (estado pré-diabético).

É durante o sono REM que acontecem os sonhos e tudo o que foi aprendido durante o dia é processado e armazenado. Se um adulto ou criança dorme menos do que o necessário, sua memória de curto prazo não será adequadamente processada e ela não conseguirá transformar em conhecimento (assimilar) aquilo que foi aprendido durante o dia. Em outras palavras, não dormir o tempo necessário gera dificuldade para aprender (registrar) coisas novas.

Em resumo:

Apetite em equilíbrio: durante o sono o organismo libera maior dose de **leptina**, hormônio que controla a sensação de saciedade e impede a pessoa de atacar a geladeira durante a madrugada.

Combate à flacidez: mesmo na fase adulta, o hormônio do crescimento é produzido durante o sono, logicamente em doses menores do que em crianças. Esse hormônio evita a flacidez muscular e garante o vigor físico.

Combate ao estresse: uma noite bem dormida evita que o organismo acumule altas doses de **cortisona**, hormônio que é produzido pelas glândulas suprarrenais e liberado em situações de estresse, contribuindo para o mau humor depois de uma noite mal dormida.

Combate aos radicais livres: enquanto dormimos, livramo-nos com mais facilidade desses agentes causadores de envelhecimento precoce.

Aumento da imunidade: durante o sono, o corpo libera **interleucinas**, substâncias que ajudam o organismo a se defender de invasores – vírus e bactérias!

Quem dorme mais tende a aprender mais

O sono também contribui para o bem-estar mental e emocional. Pessoas que conseguem dormir bem, acordam mais bem-humoradas, animadas, com maior capacidade de concentração e autocontrole para realizar as tarefas pessoais e profissionais. Dormir pouco altera negativamente o humor, a afetividade, a capacidade de concentração, a aprendizagem, o raciocínio lógico e a memória do indivíduo. Algumas teorias afirmam que o sono também contribui para o crescimento cerebral (neuronal), para apagar memórias indesejáveis e consolidar a memória.

Quantas horas dormir por noite?

Não existe um consenso entre os especialistas com relação à quantidade de horas de sono necessárias para um repouso adequado. Na maioria dos casos, o ideal é em torno de sete horas. Porém a qualidade pesa mais que a quantidade. Vale muito mais um sono "restaurador" de seis horas do que um sono "agitado" de dez horas.

Segundo Sidarta Ribeiro, as pessoas têm necessidades diferentes. Uma pessoa pode precisar de seis horas de sono, outra de oito, e ainda outra de dez. Aquela que precisa de dez, se dormir cinco horas, provavelmente vai passar o dia todo se sentindo cansada e sem conseguir se concentrar nas tarefas. Aquela que precisa de cinco horas de sono, se dormir durante dez horas com certeza também terá um dia difícil. O importante é a pessoa ter a quantidade de sono adequada para sua natureza, e com qualidade.

Riscos, a curto prazo, provocados pela falta de sono: cansaço e sonolência durante o dia, irritabilidade, alterações repentinas de humor, perda da memória de fatos recentes, comprometimento da criatividade, redução da capacidade de planejar e executar, lentidão do raciocínio, desatenção e dificuldade de concentração.

Riscos, a longo prazo, provocados pela falta de sono: falta de vigor físico, envelhecimento precoce, diminuição do tônus muscular, comprometimento do sistema imunológico, tendência a desenvolver obesidade, diabetes, doenças cardiovasculares e gastrointestinais e perda crônica da memória.

Sugestões para um sono reparador

1) Sempre tomar um bom banho antes de dormir. Ou seja, jamais dormir com o corpo sujo, pois as vibrações de frescor, relaxamento e limpeza que um banho proporciona garantirá a qualidade do sono.

2) Evitar tomar café, chá com cafeína (como chá preto e chá-mate) e refrigerantes derivados de cola, pois todos são estimulantes.

3) Evitar dormir com a TV ligada, uma vez que isso impede que a pessoa chegue à fase de sono profundo.

4) Se a pessoa dorme cedo – entre 20 e 21 horas –, seu jantar (leve) deve ser realizado no máximo até as 19 horas para que o organismo tenha tempo de digeri-lo e o sono não sofra interferência da demanda energética da digestão.

5) Se a pessoa dorme tarde – depois das 22 horas –, sua última refeição (um lanche leve) deve ser realizada até uma hora antes, pelo mesmo motivo mencionado na página anterior.

6) Concordo com algumas linhas terapêuticas que indicam que qualquer refeição ou lanche realizado após as 19 horas deve se constituir de líquidos, para que o processo digestivo seja mais acelerado e evite interferir na qualidade do sono. Quer arroz com feijão, por exemplo? Bata no liquidificador e tome na forma de sopa. Uma salada de frutas com sorvete? Bata no liquidificador e tome uma vitamina geladinha.

7) O ideal é praticar uma atividade física ao longo do dia para evitar o sedentarismo e facilitar a liberação de substâncias que aumentam o estresse e a mobilização da energia basal. Para quem tem insônia, recomendo ainda uma atividade corporal ou meditação ativa antes do banho e de dormir. Por exemplo, dançar ou uma série do yoga ou de alongamentos. Aproveite para orar e colocar intenções para esse momento de meditação e descanso. Pode-se pedir aprendizados, sonhos bons, expansão da consciência, soluções para desafios, enfim... Para pessoas com insônia ou fibromialgia, recomenda-se, inclusive, aulas de natação ou hidroginástica, que relaxam duas vezes mais: pela atividade física e pela ação do banho de imersão.

8) Na hora de se deitar, colocar um copo de água na cabeceira e repetir suas intenções, como desejar que todas as coisas boas dessas intenções se materializem nessa água durante o repouso do sono. Pela manhã, beber a água em postura de gratidão e receber tudo o que nela se cristalizou.

9) Existe uma técnica bastante interessante sugerida como prática para insones, que consiste em fazer um escalda-pés de cinco minutos em água gelada antes de se deitar. A pessoa já o faz preparada para se deitar em seguida. No meu entender, esse procedimento mobiliza a energia concentrada na cabeça, projetando-a para as extremidades do corpo, aliviando assim a mente e as neuroses.

10) Apagar todas as luzes, inclusive a do abajur, do corredor e do banheiro, pois a luminosidade impede a liberação da melatonina, hormônio responsável pela primeira fase do sono.

11) Não levar livros, *laptop* ou qualquer outro tipo de estimulante mental para a cama.

12) Tirar da cabeceira o telefone, celular e relógios.

13) Esta é óbvia, mas não custa lembrar: usar colchão e travesseiro de boa qualidade e adequados ao seu peso e tamanho.

14) Recomendo uma sinergia da aromaterapia, que chamo de "Doril na Ansiedade e Insônia" (ver Webgrafia). Trata-se de uma combinação dos óleos essenciais (OEs) de limão tahiti, laranja-pera e lavanda Mont Blanc, que tem como função proporcionar relaxamento e estimular a vontade (alegria) de estar consigo e de se respeitar. Ela pode ser usada, à noite, na água da banheira (adultos 3 gotas, bebês 1 gota, crianças 1 a 2 gotas) ou pode ser colocada no travesseiro dos adultos (1 a 3 gotas). No caso de crianças, pode ser colocada num pires ao lado da cama (1 a 3 gotas). No caso de bebês, basta acrescentar uma gota à água da banheira.

15) Ao despertar, após tomar, ainda deitado, o copo d'água energizado, juntar as mãos e esfregar uma na outra até se aquecerem. Fazer carinho no próprio rosto, como se o estivesse ensaboando e lavando. Relaxar o primeiro semblante do dia. Depois, esfregar novamente as mãos e massagear o abdômen. Acariciá-lo e lembrar que o dia vai começar e ele precisa acordar, ou seja, está chegando a hora do troninho. Pode-se prolongar essa carícia, estendendo-a às demais partes do corpo, sempre com o propósito de acordá-lo com muita celebração, gratidão e carinho.

16) Depois de se levantar e antes do troninho, ir até a cozinha e tomar 1/2 copo de água morna, acrescida do suco fresco de um limão. Essa é uma receita da milenar medicina ayurvédica para purificar (ação bactericida), aliviar (ação laxante) e sanar (ação harmonizadora, alcalinizante) todas as dificuldades do organismo. Espere vinte a trinta minutos para fazer a refeição matinal.

As posições de dormir

De lado: é a melhor postura! Mas, deve-se colocar um travesseiro que preencha o espaço entre o ombro e a cabeça. É recomendável abraçar um segundo travesseiro e colocar uma almofada entre os joelhos.

De barriga para cima: é uma posição aceitável, mas recomenda-se um travesseiro não muito alto e um apoio (almofada) debaixo dos joelhos, que ajudará a manter a coluna reta.

De bruços: é uma posição **não recomendável**. Diz-se que nessa posição não há como evitar uma lesão na coluna cervical, que pode criar contraturas no pescoço, dificultando o relaxamento e o sono profundo.

5

As doenças neurodestrutivas

O objetivo deste livro é levar o leitor ao autoconhecimento e difundir a medicina preventiva. A propensão genética a uma doença não significa que ela vá necessariamente se desenvolver. Se optarmos por viver com muita qualidade o presente, o agora, quem sabe estaremos evitando uma doença degenerativa ou um carimbo genético? E mesmo que uma doença como as descritas abaixo nos acometa, ainda assim podemos fazer algo e aprender muito. Bons exemplos são Mário Baldani, pai da Biocibernética Bucal, que teve câncer de língua aos 5 anos, e Meir Schneider, criador de técnicas de exercícios visuais, que o curaram de uma grave deficiência visual congênita.

A grande proposta é viver bem, viver intensamente, sem medo de aprender, de crescer e de conhecer o novo.

Estresse e depressão

Neste capítulo, você irá encontrar uma série de testes para avaliar seu nível de estresse. Quando o estresse ultrapassa certos limites, o próximo passo é a depressão. O estresse, em seus diversos estágios, é um aviso de que a depressão pode acontecer. Pode-se dizer que a depressão é um estresse que descarrilhou. O que se constata clinicamente é que não existe um estado de estresse elevado sem que haja também um estado afetivo diminuído, que pode ser causa ou consequência do estresse.

Tanto o estresse como a depressão são fortes agentes de destruição e degeneração dos neurônios de diversas áreas especializadas do cérebro. No estresse, as sinapses (comunicações neuronais) ficam prejudicadas, pois ocorre uma deficiência de serotonina, neurotransmissor relacionado ao bom humor, ao sono e ao apetite. Do ponto de vista químico, é como se os fios estivessem em curto, como se houvesse uma pane; em algum momento tudo pode sair dos trilhos. Substâncias importantes (neurotransmissores e neurorreceptores) estão em falta ou defasadas, e as sinapses estão prejudicadas.

A depressão é uma doença que compromete o corpo e a mente. Ela distorce a maneira como a pessoa enxerga o mundo e percebe a realidade. De um modo geral, ela afeta a parte psíquica, as funções mais nobres da mente humana, como a memória, o raciocínio, a criatividade, a vontade, o amor e o sexo. Enfim, tudo parece difícil, problemático e cansativo para o deprimido.

Segundo o psiquiatra G. Ballone, "a depressão é um transtorno afetivo (ou do humor), caracterizado por uma alteração psíquica e orgânica global, com consequentes alterações na maneira de valorizar a realidade e a vida".

Para quem quer saber mais sobre a depressão, seria interessante ler mais sobre o que é o afeto (ver Webgrafia – Dr. Ballone – depressão e afeto), uma vez que a depressão é uma doença afetiva. A princípio, o afeto é a parte do psiquismo responsável pela maneira de sentir e perceber a realidade.

A depressão não é, portanto, sinal de fraqueza, de falta de pensamentos positivos ou uma condição que possa ser superada apenas com força de vontade ou esforço. A pessoa com doença depressiva (estima-se que 17% dos adultos sofrem de uma doença depressiva em algum período da vida) não pode, simplesmente, melhorar por conta própria por meio de pensamentos positivos ou tirando férias. Sem tratamento específico em paralelo, os sintomas podem durar anos e desencadear outras degenerações e consequências. O tratamento adequado, com um bom psiquiatra, pode ajudar a maioria dos depressivos, mas este não deve depender somente de tratamento químico para resgatar seu ânimo e afeto.

Uma pesquisa realizada na Universidade de Standford (EUA) revelou que o cérebro de indivíduos ansiosos e melancólicos, comparado com o de indivíduos que dificilmente se abalam com as situações adversas, é menos ativado quando vê imagens felizes. Entretanto, diante de situações tristes ou frustrantes, ocorre o oposto, ou seja, a massa cinzenta dos agitados fica superativa. Em outras palavras, o depressivo enxerga e escuta 20% das cenas felizes e 200% das cenas tristes. A ansiedade, o estresse e a depressão se retroalimentam com uma lupa sobre os desafios afetivos inerentes à vida. Uma vez iniciado esse trajeto da alquimia cerebral, essa via vai ficando cada vez mais fortalecida em detrimento de outras vias positivas.

Do ponto de vista clínico, a depressão é mais um mau funcionamento do cérebro do que uma *má vontade* psíquica ou uma *cegueira mental* para as coisas boas que a vida pode oferecer. A pessoa deprimida sabe e tem consciência das coisas boas de sua vida, entretanto, apesar de saber tudo isso e desejar ser de outro jeito, continua deprimido. A depressão, se crônica, é uma doença e deve ser tratada como tal.

Não são conhecidas ainda todas as causas da depressão e talvez ainda demore muito tempo para que tenhamos essa informação. Pesquisas na área sugerem fortemente influências bioquímicas importantes para a regulação de nosso estado afetivo. Existem também sinais que sugerem a importância de fatores genéticos, pois observa-se incidência aumentada do transtorno depressivo em membros de uma mesma família.

Os tratamentos medicamentosos para a depressão procuram realizar uma correção bioquímica de tal forma que haja aumento no nível de neurotransmissores, juntamente com um reequilíbrio dos neurorreceptores.

Dependendo do tipo e do grau de depressão, um psiquiatra deve acompanhar o tratamento, inevitavelmente usando drogas se houver urgência na reversão do quadro.

A – Quadros ansiosos
Síndrome do pânico
Fobias
Ansiedade generalizada

B – **Quadros somáticos** (com queixas físicas)
Quadros somatomorfos
Doenças psicossomáticas
Hipocondria

> **C – Quadros na infância**
> Hiperatividade
> Medo patológico
> Dificuldades escolares
>
> **D – Quadros impulsivos**
> Bulimia nervosa
> Anorexia nervosa
> Quadros obsessivo-compulsivos

Fonte: Site PsiqueWeb (http://gballone.sites.uol.com.br/voce/dep.html#1)

Conhecer a doença pode tornar mais fácil seu controle e sua cura. Fazer uso de recursos naturais em paralelo ao tratamento psiquiátrico é muito recomendável. O propósito deste livro é indicar o que se pode fazer para evitar o estresse e a dependência química na depressão.

Podemos afirmar que a vida moderna, com tantos desafios, estresse e problemas do cotidiano acaba distanciando as pessoas delas mesmas, de sua alma. O avanço tecnológico, apesar dos seus bons propósitos, ocasiona um impacto negativo no organismo, no cérebro e na mente.

A pessoa que não medita, que não reserva tempo para estar consigo mesma e ser mais assertiva nas suas escolhas e decisões, buscando gerar muitos canais, caminhos cerebrais positivos, sente como se a vida estivesse fugindo de suas mãos e se sente impotente no embate do dia a dia. Para ela o dia não rende, o tempo não é suficiente.

Além da meditação, é importante praticar atividade física e uma alimentação que alivie a elevada carga tóxica e negativa gerada pela vida moderna, principalmente nas grandes cidades. É imprescindível que as pessoas gerem tempo para perceber a vida com mais possibilidade de realização, direção, observação, superação e regeneração.

Alerta: estar deprimido pela partida de um ente querido, por uma separação ou por uma mudança radical de vida não é doença; ao contrário, é o esperado. Nesse caso, fazer uso de medicamentos é totalmente contraindicado.

Sugestões para driblar a ansiedade e o estresse

1. **Desintoxique-se:** pratique a alimentação desintoxicante diariamente, faça uso dos sucos desintoxicantes de uma a três vezes por dia, sendo o primeiro em jejum, logo ao se levantar. Assim, você declara: desejo tomar este banho interno diariamente, permitindo assim que o meu organismo se alivie de toda a carga tóxica que existe em mim, seja no físico, no emocional, no psicológico ou até mesmo no espiritual.

2. **Alongue-se:** são inúmeros os benefícios da prática frequente de atividade física, mas os alongamentos funcionam como um excelente antídoto para a ansiedade e o estresse. Uma esticada geral ao se levantar acorda tudo, e uma sessão de cinco minutos de alongamentos antes de dormir pode fazer maravilhas pelo sono. São exercícios simples e rápidos que ajudam o corpo a começar a se libertar das suas tensões inconscientes. (Ver Capítulo 6.)

3. **Fique atento ao ritmo da vida:** as leis naturais obedecem a um ritmo. Existe hora para acordar, se alimentar, trabalhar e relaxar. O organismo gosta de rotinas, e elas podem favorecer o combate à ansiedade. Um exemplo: quanto mais regular o horário das refeições, melhor a digestão e o aproveitamento dos alimentos, tão fundamental num organismo debilitado. E existe hora para meditar, que é o ritual de estar com você mesmo. Escolha seus horários e respeite-os, e você estará respeitando a si mesmo.

4. **Faça arte:** ela nos ajuda a expressar emoções bloqueadas, trazendo alívios e soluções. Cerque-se de cores, papéis, pincéis, tesoura, massinha e deixe a sua criança se divertir e brincar. Faça colagem ou risque e rabisque mandalas. Seja o que for, permita que essa seja uma atividade catártica e divertida. Chore, ria, dance e cante, pois tenha certeza de que está espantando os seus males.

5. **Fique só:** experimente ficar por um tempo escutando e dando atenção somente a você. Não deixe ninguém importuná-lo. Então, use esse momento precioso para o que quiser: refletir sobre a vida, ouvir música, ver fotos. Desligue o telefone, o

computador, e feche a porta do quarto. O importante é dedicar-se a si mesmo.

6. **Pratique yoga, tai chi chuan ou alguma prática oriental:** sem risco de se machucar, você ainda reaprende a respirar, meditar e flexibilizar todas as suas couraças musculares.

7. **Receba massagem:** pode ser shiatsu, ayurvédica, relaxante, enfim, aquela que fizer você sentir-se relaxado e renovado. Coloque a massagem como um compromisso semanal na sua agenda e não abra mão desse carinho para você mesmo. Se não tiver condições financeiras, tudo bem, faça automassagem e os exercícios cerebrais do Capítulo 6.

8. **Valorize os bons momentos:** tenha gratidão por ter sempre à mão seus pensamentos e recordações de bons momentos, quando a felicidade ocupou todos os seus espaços. É responsabilidade nossa mudar os pensamentos destrutivos e negativos e colocar no lugar bons pensamentos. Faça uma lista desses momentos e use-os toda vez que vierem aqueles filmes repetitivos que não constroem nada de bom para a sua vida. Use os bons momentos como trunfos. Vá ao encontro do seu mundo de alegria e luz.

9. **Não exagere:** a ansiedade gosta de transformar copos d'água em tempestades. Nesse momento, rir é o melhor remédio, porque sinceramente, é patético pensar que um copo d'água vai alagar sua vida e fazê-la submergir.

10. **Seja condescendente com você mesmo:** todo mundo tem o direito de errar ou de cometer uma gafe. Excesso de controle e perfeição só serve para frustrar e deprimir. Nenhum coração aguenta isso. Arrisco afirmar que o perfeccionismo é uma pretensão oriunda de uma falha de caráter. Tente ser mais seu amigo, mais condescendente, mais tolerante com você mesmo. De brinde, você aumenta a autoestima.

11. **Busque contato com a natureza:** ela funciona como um fio terra e descarrega tudo o que está descompensado. Caminhe descalço na terra ou na praia, tome banho de mar ou cachoeira, abrace árvores, admire o horizonte, a copa das árvores, o voo e o canto dos pássaros.

12. **Pratique a terapia do riso:** existe o ditado que afirma que "rir é o melhor remédio". Cientistas, médicos e terapeutas já não têm mais dúvidas. Procure assistir a comédias e programas de humor, ler, ouvir e contar piadas; enfim, busque transformar seus pensamentos e atitudes praticando esse sábio e saudável hábito de rir. Ele irá fortalecer seu organismo e elevá-lo, para assim você poder perceber as dificuldades a partir de uma nova perspectiva, uma nova ótica. O riso funciona como uma lupa, magnificando a parte lúdica da sua vida.

13. **Diga-me com quem andas...:** não conviva com pessoas amargas, pessimistas, negativas, muito críticas ou nervosas. Cuidado: tudo isso contagia. Sempre que possível afaste-se de quem o leva para baixo. E, quando for inevitável, prepare-se para ser prático, objetivo e se afastar o mais rápido que puder.

14. **Aproveite o trânsito:** tenha sempre no carro CDs ou fitas de músicas, piadas, ou palestras que o elevem, o tornem uma pessoa mais esclarecida ou simplesmente mais feliz.

15. **Faça uso de terapias alternativas:** escolha aquela com que você sente mais sintonia. Pode ser florais, aromaterapia, fito-terapia, cromoterapia, homeopatia. Elas podem ser um excelente recurso para acalmar, preparar para a meditação, despertar para a realidade. Procure saber mais sobre elas antes de fazer sua escolha. Depois, procure um bom profissional.

16. **Medite:** existem várias técnicas; uma será adequada a você. Existem as meditações ativas do Osho, as meditações com mantras, as meditações budistas, aquelas que trabalham com visualizações. A própria prática do yoga ou do tai chi chuan pode induzir a um estado de meditação. Qualquer que seja a técnica eleita, o objetivo será sempre o mesmo: o de ficar mais presente, mais atento ao que o coração fala, ao que o universo sinaliza e oferece, ao aqui e agora, ao presente. Somente desse lugar de meditação é possível tomar decisões lúcidas, conscientes e mais vitoriosas. Afirmar que não consegue meditar é o mesmo que dizer: não consigo ficar comigo, me escutar, me fazer companhia. Bem, é hora de parar com essa autossabotagem.

17. **Transforme o desânimo em entusiasmo:** desânimo → des = sem + ânima = alma, ou seja, sem alma. Entusiasmo → en =

com + theos = Deus, ou seja, com Deus no interior. Então, esse espaço vazio e sem alma pode ser preenchido com a Luz de Deus. Para invocar esse Deus dentro de nós, os egípcios usavam plantas, mas também receitavam dançar, ouvir músicas, dormir nos templos. A medicina grega e romana usava extratos medicinais, mas também ministrava ginástica, massagens e banhos.

18. **Mude as atitudes:** aceite que mudar implica assumir certos riscos; use os mesmos parâmetros para se autoavaliar e aos outros; não exija soluções mágicas para os desafios; seja paciente, pois mudanças acontecem com o tempo; estabeleça metas razoáveis para os seus projetos e entenda que adquirir novas condutas requer esforço, coragem, determinação e prática.

Mal de Alzheimer

A base histopatológica dessa doença foi descrita pela primeira vez em 1909, pelo neuropatologista alemão Alois Alzheimer. O mal de Alzheimer é uma doença degenerativa do cérebro caracterizada por uma perda das faculdades cognitivas superiores, manifestando-se inicialmente por alterações da memória episódica, que se agravam com a progressão da doença e são posteriormente acompanhadas por deficiências visuais, auditivas, espaciais e de linguagem.

Com o aumento da expectativa de vida da população, a incidência de novos casos de Alzheimer vem aumentando dramaticamente nos últimos anos, uma vez que a probabilidade de se desenvolver a doença aumenta com o avanço da idade.

Bastante incomum antes dos 50 anos, pode afetar metade das pessoas na faixa dos 90. Ainda não foi encontrada uma cura, mas existem várias formas de tratamento que podem amenizar os sintomas iniciais.

Demência é um termo médico utilizado para denominar disfunções cognitivas globais, podendo ocorrer em várias doenças diferentes, como acidentes vasculares cerebrais (AVCs), alcoolismo, AIDS e mal de Parkinson. Contudo o mal de Alzheimer é a causa mais comum de demência em todo o mundo.

Não se deve confundir distúrbios causados pelo envelhecimento natural com distúrbios causados pela demência. Algumas alterações de memória e outras funções cognitivas são comuns em idosos sadios. Na demência, há um declínio cognitivo que resulta na perda da habilidade de administrar as responsabilidades em casa, no trabalho, nas atividades sociais e nas atividades do dia a dia. A perda de memória sempre ocorre na demência, mas não é suficiente para o diagnóstico, sendo necessário o declínio acentuado de pelo menos uma outra área da função cognitiva.

Vários estudos demonstraram que o mal de Alzheimer é uma doença idade-dependente e que o risco aumenta em familiares, demonstrando que a genética está fortemente relacionada. Aproximadamente 40% dos pacientes possuem no seu histórico um antecedente familiar, especialmente em famílias longevas. Estudos realizados com gêmeos não demonstraram resultados redundantes, indicando a possível influência também de fatores ambientais.

O cérebro de um paciente com Alzheimer, quando visto em necrópsia, apresenta uma atrofia generalizada, com perda neuronal específica em certas áreas do hipocampo, mas também em regiões parieto-occipitais e frontais.

A evolução da piora é em torno de 5 a 15% da cognição (consciência de si próprio e dos outros) por ano de doença, com um período em média de oito anos do seu início ao último estágio.

O melhor tratamento é a prevenção, em que se busca cultivar todos os hábitos saudáveis propostos neste livro, desde a mais tenra idade.

Uma vez instalada e detectada a doença, o tratamento clínico visa confortar o paciente e retardar o máximo possível a sua evolução. Algumas drogas são úteis no início da doença, e sua dose deve ser personalizada e prescrita por um médico especializado.

Uma série de fatores parece aumentar a probabilidade de a pessoa desenvolver o mal de Alzheimer.

Fatores que aumentam o risco

Idade: a incidência é muito maior em pessoas com mais de 80 anos.

Hereditariedade: a história familiar geralmente aumenta a probabilidade de a pessoa desenvolver a doença. Uma idade inicial relativamente jovem para a doença indica um componente genético mais forte.

Metais: o alumínio e o zinco têm sido associados às alterações do tecido cerebral que ocorrem no mal de Alzheimer, porém não existem evidências diretas que liguem a exposição física a esses metais com a doença.

Síndrome de Down: indivíduos com síndrome de Down possuem 50% mais risco de desenvolver o mal de Alzheimer.

Fatores que reduzem ou retardam o risco

Altos níveis de instrução e aprendizado: pessoas que usam mais seu intelecto apresentam pontuações normais em testes de triagem cognitiva durante os estágios iniciais da doença. Testes cognitivos mais sofisticados podem revelar um declínio e sustentar ou não o diagnóstico.

Reposição hormonal com estrógeno: o estrogênio, além dos seus efeitos no trato reprodutivo da mulher, no sistema cardiovascular e na estrutura óssea, já demonstrou ter efeitos importantes nas células cerebrais. Há evidências de que ele promove a sobrevivência das células cerebrais e que também pode beneficiar ligeiramente o processo cognitivo. (Nota: não sou favorável à Terapia de Reposição Hormonal (TRH), essa é somente uma informação da literatura disponível sobre essa doença.)

Antioxidantes, em especial a vitamina E: segundo a teoria dos radicais livres, no processo de envelhecimento, várias manifestações de declínio funcional e doenças relacionadas à idade são causadas por um excesso de radicais livres em vários tecidos. Existem evidências de que o dano causado pelos radicais livres contribui para as lesões nos tecidos cerebrais encontradas na doença de Alzheimer. A função dos agentes antioxidantes é exatamente combater os radicais livres. Estudos recentes têm investigado a eficácia da suplementação da vitamina E e de outras medicações com propriedades antioxidantes na frenagem da evolução dessa doença. Os resultados são encorajadores.

Agentes fitoterápicos, como o ginkgo biloba: na literatura médica existe também o relato de um estudo controlado sobre os benefícios do ginkgo biloba nos processos cognitivos. É importante ressaltar, contudo, que as preparações de ginkgo biloba encontradas nas lojas de produtos naturais podem ser bem diferentes da formulação utilizada nesse estudo.

Anti-inflamatórios: os pacientes com doença de Alzheimer apresentam alterações associadas à inflamação e à função do sistema imunológico, que podem representar um reflexo da atividade inflamatória do cérebro. A questão é saber se a inflamação está contribuindo para o fenômeno de deterioração das células cerebrais ou se é só uma reação às placas e emaranhados que, de fato, não causa nenhum malefício.

No entanto, há motivos para vários pesquisadores estarem otimistas quanto à possibilidade de que a supressão da inflamação cerebral com anti-inflamatórios possa trazer benefícios importantes em relação ao mal de Alzheimer.

Mal de Parkinson

O mal de Parkinson foi identificado e descrito por James Parkinson em 1817. É uma doença que ocorre quando certos neurônios morrem ou perdem a capacidade de atuar no controle dos movimentos do corpo. As zonas do cérebro afetadas são as que têm funções de controlar os movimentos inconscientes, como é o caso dos músculos da face (da comunicação emocional inconsciente) e os das pernas quando o indivíduo está de pé, entre outros.

Como consequência, a pessoa pode apresentar tremores, rigidez dos músculos, dificuldade de caminhar e mudar de direção, dificuldade de se equilibrar, de engolir e finalmente de respirar. Como esses neurônios morrem lentamente, os sintomas são progressivos e nas fases avançadas pode haver comprometimento intelectual.

O curso da doença pode durar de dez a 25 anos após o surgimento dos sintomas. O agravamento contínuo dos sintomas leva a alterações radicais na vida do doente e, frequentemente, à depressão profunda.

A incidência da doença é de 187 casos para cada 100 mil pessoas, independentemente de etnia, sendo ligeiramente mais comum em homens. Os sintomas do mal de Parkinson costumam aparecer na faixa etária de 55 a 65 anos, embora existam casos a partir dos 35 anos.

O mal de Parkinson não é fatal, mas fragiliza e predispõe o doente a outras patologias, como pneumonia de aspiração (o fraco controle muscular leva a deglutição da comida para os pulmões) e outras infecções devido à imobilidade.

Nessa doença acontece a disfunção ou morte dos neurônios que produzem o neurotransmissor dopamina no sistema nervoso central. O local primordial de degeneração neuronal no parkinsonismo é a *substância negra*, presente na base do mesencéfalo, uma estrutura do cérebro que participa do controle e coordenação dos movimentos, assim como da manutenção do tônus muscular e da postura. O mais preocupante é que os sintomas só aparecem quando cerca de 80% desses neurônios já morreram.

Os primeiros sintomas são rigidez muscular e tremor em repouso, relativamente amplo e lento, principalmente nos dedos, que diminui ou desaparece quando se inicia o movimento. Os movimentos involuntários são muito prejudicados e ficam cada vez mais lentos e pobres. O rosto pode ficar inexpressivo e a fala monótona e sem melodia. A escrita pode ficar minúscula. A rigidez da musculatura está ligada à instabilidade postural, que leva o doente a adotar uma postura curvada, como um esquiador, e andar com passos rápidos e arrastados.

Diante desses sintomas, é comum aparecerem sinais de depressão, como falta de apetite, cansaço e alterações do sono. Na evolução, começam a surgir dificuldades para administrar a vida cotidiana, que podem tornar a pessoa incapaz de cuidar de si própria ao longo da evolução da doença.

Diversas alterações podem levar ao aparecimento de sintomas semelhantes aos do mal de Parkinson, como acidentes vasculares cerebrais (AVCs), envenenamento por metais, asfixia por monóxido de carbono, além de outras doenças degenerativas que causam distúrbios dos movimentos e deficiências intelectuais.

Fatores que aumentam o risco

Doenças primárias: a forma predominante do Parkinson é idiopática e está ligada ao envelhecimento. Contudo, existem outras formas de parkinsonismo com outros históricos, mas a mesma manifestação clínica. Nesse grupo incluem-se os parkinsonismos derivados de uma doença primária, como encefalites (infecções virais, por exemplo), doença de Wilson (distúrbio do acúmulo de cobre em diversos órgãos incluindo o cérebro) ou causados por uso prolongado de determinados fármacos antipsicóticos.

Ação de toxinas ambientais: substâncias que podem destruir neurônios da substância negra.

Excesso de radicais livres: a deficiência de agentes antioxidantes ou o acúmulo de radicais livres produzidos normalmente durante a metabolização da dopamina.

Anormalidades nas mitocôndrias: mitocôndrias são estruturas celulares que existem em todos os tecidos. Esse é o local onde acontece a geração da energia vital (oxigênio + glicose + água → energia vital). Nelas também acontece a produção de pequenas quantidades de radicais livres, mas, anormalmente, passam a produzir cargas excessivas desses agentes de envelhecimento.

Predisposições genéticas: podem aumentar o risco de perda de neurônios, por exemplo, devido a uma maior sensibilidade a toxinas ambientais.

Existem casos de mal de Parkinson com histórico de genética hereditária. A doença genética pode ser autossômica dominante (do gene da alfa-sinucleina) ou autossômica recessiva (gene da parkina). Esse segundo subtipo frequentemente surge em doentes mais jovens, de aproximadamente 35 anos.

Tratamentos

O tratamento fisioterápico atua em todas as fases do Parkinson, para melhorar as forças musculares, a coordenação motora e o equilíbrio.

O parkinsonismo secundário pode ser melhorado pela resolução da doença primária subjacente. Contudo, uma vez detectado, o mal de Parkinson e outras variantes primárias são incuráveis e a terapia visa melhorar os sintomas e retardar a progressão.

Muitos pacientes com o mal de Parkinson, sobretudo nos estágios iniciais, não precisam de tratamento medicamentoso, pois as manifestações da doença não impedem uma vida normal.

A terapia farmacológica visa restabelecer os níveis de dopamina no cérebro. É iniciada assim que o paciente sinaliza diminuição da qualidade de vida devido aos sintomas. Vários tipos de fármacos são usados, incluindo agonistas dos receptores da dopamina, inibidores do transporte ou degradação da dopamina extracelular e outros não dopaminérgicos.

Existem pesquisas que procuram encontrar medicamentos neuroprotetores, cujo intuito é proteger o cérebro do desenvolvimento da doença e impedir a sua instalação, mas esses medicamentos ainda não estão disponíveis. O neurologista deverá ser consultado para que se possa definir se há necessidade de remédios e quais deverão ser empregados.

Cirurgicamente, é possível fazer palidotomia (excisão do globo pálido). Mais recentemente, descobriu-se que é preferível estimular o globo pálido com eletrodos, cuja ativação é externa e feita pelo médico e pelo paciente.

6

Os exercícios cerebrais

O movimento do corpo é a porta para o aprendizado.
Ele é essencial à vida. Sem o movimento não existe vida nem
ocorre o pleno desabrochar do potencial interior. – Dr. Paul Denison

Emoções musculares: toda emoção se expressa no
sistema muscular. – Bruce Lee

Os exercícios cerebrais estão baseados no fato de que, por meio do corpo e de todos os seus sentidos, percepções e movimentos, provocamos estímulos que podem manter o cérebro mais desperto.

Movimentos novos e muitos estímulos são eficazes para atingir tal propósito. Um cérebro que recebe estímulo constante se torna um cérebro "vivo", ativo e tônico, sempre preparado para novos aprendizados. Ao contrário, um corpo sem movimento, preguiçoso, que evita desafios, o novo, a brincadeira de explorar o desconhecido, o ato de se divertir, está deixando seu cérebro atrofiado, atônico, rígido, tenso, em processo de senilidade e morte.

Simples e agradáveis, os exercícios propostos aqui têm por objetivo estimular e aprimorar a experiência do aprendizado, tornando mais fácil o desenvolvimento de todos os tipos de inteligência. Eles são ideais para todas as idades porque estimulam o cérebro para seu pleno funcionamento. Além de rejuvenescerem, eles ativam as "zonas

* 87 *

de silêncio" (zonas sem neurônios, pontes ou ramificações) do cérebro, permitindo a maior ramificação de velhos neurônios, ou mesmo a geração de novas células. Essas novas células irão se ligar mais rápida e facilmente a outras já existentes, desenvolvendo novas sinapses, ou seja, novas aptidões, novos registros (conhecimentos e aprendizados) e novas inteligências, maior capacidade de concentração e maior vivacidade mental.

Os exercícios cerebrais nos auxiliam a aperfeiçoar o desempenho das tarefas diárias como ler jornal, entender as notícias do rádio e da TV, lembrar, sem anotar, o que é necessário fazer ao longo do dia ou comprar no supermercado e nos concentrar nas conversas e brincadeiras com os amigos, filhos e netos. Eles proporcionam o fortalecimento da comunicação entre os neurônios, facultando maior rapidez nas associações de ideias e melhor interação entre as pessoas e entre as fontes de informação, o que facilita a memorização e o aprendizado. Eles combatem o estresse, a ansiedade e a depressão, bem como auxiliam no tratamento desses males, resgatando a lucidez, a qualidade do sono, as realizações, a compreensão e a interatividade, além de prevenirem o envelhecimento cerebral, ao evitar perdas funcionais e de desempenho.

A prática dos exercícios cerebrais gera modificações no registro da informação e no comportamento, que são, muitas vezes, imediatas e profundas, pois possibilitam que o cérebro receba e expresse, simultaneamente, uma informação.

Como surgiram e seus benefícios

Estudando exercícios milenares, como as lamaserias e o yoga, é possível perceber que os exercícios cerebrais são praticados há milênios. A busca pelo uso mais pleno da mente é algo que transcende os registros históricos. Entretanto, nas últimas décadas, muitos profissionais têm investido não só no maior entendimento do funcionamento do cérebro – como é o caso dos neurocientistas, neurobiólogos, médicos, psiquiatras e psicólogos –, como também em formas de otimizar a qualidade de vida e o aprendizado – como é o caso dos professores, desportistas e fisioterapeutas. Os avanços tecnológicos já permitem monitorar e mensurar resultados positivos de práticas antigas, como o yoga e a meditação, e de diferentes tipos de exercícios físicos como o alongamento e os exercícios aeróbicos e anaeróbicos, recomendados para a saúde do organismo.

Paul E. Dennison, Ph.D. cuja sua vida profissional foi inteiramente dedicada à educação, criou em 1959 a Educação Cinestésica e foi o pioneiro da pesquisa cerebral aplicada. Suas descobertas foram baseadas na compreensão da interdependência entre o desenvolvimento físico, a aquisição da linguagem e o desempenho acadêmico. Durante dezenove anos, o Dr. Dennison trabalhou como diretor do Valley Remedial Group Learning Center, em Phoenix, nos Estados Unidos, e ajudou crianças e adultos a conseguirem superar suas dificuldades.

Mais recente é o trabalho de Lawrence C. Katz, Ph.D., professor de neurobiologia no Centro Médico da Universidade Duke (EUA), e pesquisador do Instituto Médico Howard Hughes. Suas pesquisas sobre as neurotrofinas e o efeito delas sobre o crescimento das células nervosas tiveram um amplo reconhecimento da comunidade científica, o que o inspirou a escrever o livro *Mantenha o seu Cérebro Vivo* (Editora Sextante). Nele o leitor é incentivado a praticar exercícios neuróbicos, que enfocam principalmente o estímulo dos cinco sentidos (percepções sensoriais) e a mudança de hábitos para acordar e manter o cérebro vivo.

Vejamos mais especificamente o que os exercícios cerebrais podem fazer por nós:

- Estimulam o interesse pela leitura e pelos estudos.
- Exercitam os músculos responsáveis pelos movimentos dos olhos, ativando a visão e aumentando a velocidade de leitura.
- Tornam mais simples e direta a comunicação verbal e escrita.
- Melhoram o registro auditivo (ouvir é captar, escutar é registrar).
- Quando acontece algum bloqueio no raciocínio (o "branco"), ajudam-nos a saber como recomeçar.
- Criam energia extra para várias atividades importantes da vida e para o autoconhecimento.
- Ao integrar os hemisférios, melhoram o equilíbrio emocional e a autoestima e aumentam a serenidade.

- Melhoram a concentração e ativam a memória.
- Despertam a criatividade.
- Despertam o lúdico, a capacidade de brincar e de encontrar o entusiasmo.
- Despertam a apreciação pelo silêncio, pela reflexão e pela meditação.
- Constroem pontes entre o emocional, o psicológico e o espiritual.
- Relaxam a mente e toda a musculatura do pescoço e da face.
- Liberam tensões musculares acumuladas em vários pontos do corpo.
- Exercitam as cordas vocais, fortalecendo a voz.
- Facilitam a digestão e a respiração por meio do treinamento do abdômen, com exercícios respiratórios simples.
- Melhoram a prática e o desempenho esportivo.
- Proporcionam mais dinamismo aos movimentos corporais.
- Aperfeiçoam a escrita.
- Dão motivação para executar as tarefas diárias.
- Estimulam o consumo de água, vital para a saúde do cérebro e das células.
- Ativam o raciocínio lógico.
- Permitem tomadas de decisões mais rápidas e assertivas (pensamento analógico).

Como ligar, ativar e turbinar o cérebro

Existe uma sequência natural e inteligente para ligarmos o cérebro, para depois ativá-lo e usá-lo.

1. ligar: água + oxigênio;
2. desobstruir os fios: terapia do riso + exercícios de relaxamento e alongamento;
3. turbinar: atividade física + exercícios de integração.

A água é o condutor elétrico

A passagem das informações de um neurônio para outro, dentro da rede de comunicação cerebral, ocorre por estímulos eletroquímicos ou eletromagnéticos. Assim, a água, por ser um eficiente condutor de eletricidade, cumpre um papel de extrema importância para o pleno funcionamento do cérebro.

O corpo de um adulto costuma conter normalmente entre 60 a 65% de água. Menos que isso não é nada bom. Quando uma pessoa sente sede, ela já está num processo de desidratação, em algum grau. Quando há uma queda de 5% nesse percentual de água corpóreo, acontece em paralelo uma queda de quase 30% no desempenho do cérebro.

O recomendável é não esperar a sensação de sede chegar, mas tomar um pouco de água, chá ou suco a cada hora e ingerir o primeiro copo logo ao se levantar pela manhã, ainda em jejum.

A água é necessária para todo e qualquer processo biológico, reação química ou ação mecânica que ocorra no corpo. Ela é crucial para o desempenho mental e físico, difundindo o oxigênio por todas

Figura 4 Percentual de Água no Corpo
(Fonte: Site Difusão Autoecologia (http://www.difusaoautoecologia.com/)

as células, ionizando sais e produzindo os eletrólitos necessários para a atividade elétrica de todo o sistema de comunicação cerebral, celular e metabólica.

Existe uma tendência natural no idoso para sentir menos sede ou mesmo para se esquecer de tomar água. Esse é um fato complicador, que altera drasticamente a capacidade de comunicação celular e eletroquímica, sintomático de problemas de memória, concentração e agilidade mental.

O oxigênio é o combustível

Podemos ficar sem alimento (apenas nos hidratando) por até trinta dias. Embora não seja recomendável, podemos ficar sem água por até três dias; sem oxigênio, somente quatro minutos.

Oxigênio é vida e, para o cérebro, é a fonte máxima de energia. Portanto, saber respirar de maneira correta e plena faz com que a voltagem do cérebro jamais caia ou falhe.

Você já percebeu como ficam as lâmpadas e os aparelhos elétricos quando cai a voltagem em sua casa ou escritório? Pois é. Exatamente o mesmo acontece com o nosso cérebro quando respiramos de modo inadequado.

E quando esse modo inadequado de respirar é nosso hábito de vida? Qual seria então a nossa voltagem?

Felizmente, durante o sono, a maioria das pessoas respira da maneira ideal, mas ao acordar começamos a forma precária de abastecer o principal combustível do organismo e do cérebro – o oxigênio. Portanto, reaprender a respirar é fundamental para conquistarmos uma inteligência plural e maior capacidade de uso do poder pensante.

Existem muitos exercícios respiratórios, alguns para reeducar, outros para hiperventilar, outros para relaxar. As várias técnicas de meditação são especiais para fazer uso desse poder que a respiração tem: acordar a vida, sustentá-la, acalmar as emoções, alterar o estado de consciência.

O riso é a faísca

O riso funciona como uma faísca que ilumina o caminho mais rápido para a integração entre os dois hemisférios cerebrais: o racional e o analógico. O riso cria atalhos de acesso entre os desafios e as soluções.

Ele relaxa as tensões da mente racional e rígida e abre caminho para o lúdico, o espontâneo e o criativo. Aumenta as capacidades de defesa de todo o organismo e a capacidade de digestão dos alimentos e dos desafios da vida, como também a capacidade de empatia, compaixão e afetividade tanto por você mesmo como por todos.

Exercícios Divinos de Cura – respiração

Esses exercícios eram ocultos e praticados somente por mestres e sábios do Oriente. Nesta Nova Era, época em que todas as ciências ocultas estão à disposição de todos, esses exercícios poderosos de respiração e harmonização corporal também foram divulgados ao público.

Trata-se de uma série de exercícios extraída de uma técnica de meditação, chamada originalmente de *Divine Healing Meditation* ou Meditação Divina de Cura. Aprendemos e praticamos esses exercícios durante uma viagem para a Índia e até hoje eles nos causam resultados impressionantes e positivos.

Eles têm a propriedade de harmonizar toda a nossa energia, eliminando bloqueios do corpo emocional, exatamente por onde passam todos os meridianos energéticos reconhecidos pela Medicina Tradicional Chinesa (MTC).

Um fato também curioso é que, ao fazer o curso da ginástica cerebral criada pelo dr. Dennison, pude perceber que há muito em comum entre a técnica do dr. Dennison e esses exercícios.

A série dos exercícios respiratórios

Todo exercício respiratório é benéfico para o corpo físico, porque relaxa, expande os alvéolos dos pulmões e permite a entrada máxima de oxigênio e prana (energia cósmica) no organismo. Para os corpos emocionais e mentais, a respiração plena favorece a clareza, a percepção ampliada, o equilíbrio e a integração das inteligências e dos hemisférios.

A prática é realizada de pé, com os pés separados na largura dos ombros, os joelhos levemente flexionados, o quadril encaixado (para evitar qualquer tensão na lombar), e ombros, coluna, rosto e maxilares relaxados. Recomenda-se a prática pela manhã, ao ar livre ou de frente para uma janela aberta. As roupas devem ser leves e a cintura deve ser mantida livre.

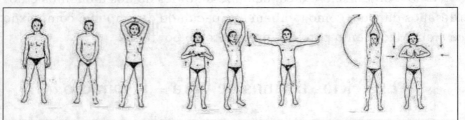

Inspirar: enlaçar as mãos pelas pontas dos dedos, como que fechando nosso circuito; erguer os braços sobre a cabeça; tentar abrir os braços, para fortificar o ponto de selagem (os dedos ligados). **Expirar:** baixar os braços, mantendo as mãos enlaçadas.	**Inspirar:** com as palmas das mãos para cima, erguer os braços acima da cabeça. **Expirar:** separar os braços alongando-os. Baixá-los lateralmente com as palmas das mãos para baixo.	**Inspirar:** erguer os braços lateralmente, mantendo-os unidos acima da cabeça. **Expirar:** pressionando as palmas das mãos uma contra a outra, baixá-las e mantê-las na frente do cardíaco em posição de prece.

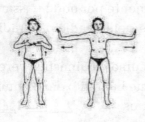    

Inspirar: palmas das mãos para cima. Erguê-las juntas até a altura dos ombros. Separar as mãos lateralmente, alongando, como se estivesse afastando paredes imaginárias a sua volta. **Expirar:** relaxar as mãos e baixá-las lateralmente.	**Inspirar:** palma da mão direita para cima e da mão esquerda para baixo. Elevar o braço direito, alongando-o. Ao mesmo tempo baixar o braço e palma esquerdos, alongando-os como que "separando céu e terra". **Expirar:** inverter a posição dos braços e palmas.	**Inspirar:** braços relaxados na lateral do corpo. **Expirar:** braço esquerdo baixado e palmas apontadas para o chão. Braço direito erguido e palmas apontadas para o alto. Girar diagonalmente tronco e cabeça para a esquerda, até enxergar o calcanhar do pé direito. Repetir o movimento invertendo a posição dos braços e o sentido da rotação.

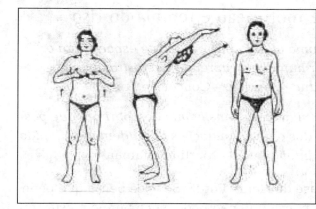

Inspirar: com os joelhos levemente flexionados, quadril encaixado e as palmas das mãos juntas apontadas para cima, erguer e abrir os braços, inclinando a coluna levemente para trás (abrindo o cardíaco).
Expirar: baixar e relaxar os braços e ombros; quadril encaixado.

Figura 5 Exercícios Divinos de Cura

A série completa tem sete movimentos, que devem ser feitos em sincronia com a respiração: inspirar pelo nariz, inflando os pulmões e o abdômen (respiração abdominal), expirar pela boca, permitindo o alongamento e a expansão do movimento. Cada exercício deve ser repetido três vezes.

Exercício para irrigar o cérebro

Deitado sobre um colchonete, leve os braços para o lado do corpo e levante as pernas verticalmente, até formar um ângulo de 90 graus com o tronco. Se for preciso, use as mãos para ajudar a sustentar as pernas no alto, segurando-as pela parte posterior dos joelhos.

Não é preciso levantar as nádegas do chão. Na verdade, as costas devem estar firmemente apoiadas no solo. Essa posição inversa é o que se chama, no Oriente, de Viparita. Nessa postura, o sangue flui com grande intensidade para a cabeça, trabalhando profundamente a região cerebral e despertando e fortificando os sentidos da visão, olfato, tato, audição e paladar. Permanecer nessa posição por alguns minutos de olhos fechados e respirando pelo abdômen.

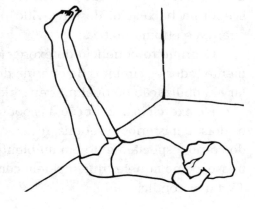

Exercícios de motivação e terapia do riso

Somente diante de uma atitude positiva existe espaço para o aprendizado. O ser humano só aprende e registra quando está numa atitude positiva. – Conceição Trucom

Pesquisadores da Universidade da Pensilvânia descobriram que pessoas extrovertidas e abertas a novas situações aprendem mais rápido e são mais inteligentes. – Martin Seligman

Lembremos a célebre frase de Henry Ford: "Se você pensa que pode, você está certo. Se você pensa que não pode, você também está certo". A mente que se julga pronta suplanta obstáculos. As dificuldades estão dentro de nós e não fora. Se você pensa que não é capaz de aprender, não vai aprender ou terá um aprendizado limitado. O negativismo tem embutida uma atitude mental de bloqueio e rigidez que inviabiliza o aprendizado.

Procure repetir frases, como as relacionadas abaixo, para trabalhar a autoestima e a autoconfiança. Livre-se de afirmações negativas e pessimistas.

- Desejo cada dia estar mais comprometido com a minha paz.
- Transformo a polaridade dos meus pensamentos com a minha determinação em mudar minha alquimia mental.
- Tenho facilidade e coragem para aprender.
- Confio na minha capacidade e vontade para aprender.

Ganchos de Cook

Esse exercício é indicado para nos reanimar quando nos sentimos com a energia baixa. Foi desenvolvido por Wayne Cook, um perito em energia eletromagnética.

O primeiro benefício do exercício 1 é o de conectar simultaneamente todos os circuitos de energia do corpo e, na sequência, estimular a mobilização de qualquer energia bloqueada.

No exercício 2, a junção das pontas dos dedos equilibra e conecta os dois hemisférios cerebrais, fortalecendo a energia eletromagnética do corpo, especialmente em ambientes estranhos ou que causam estresse, como aqueles que incluem computadores, luzes fluorescentes, TV ou ar condicionado.

Esses exercícios aumentam a vitalidade e a autoestima, reduzem a ansiedade e as atitudes negativas e proporcionam um foco mais aguçado.

1. Sentado com os pés cruzados, abra os braços amplamente como um Cristo Redentor. Vire os polegares para baixo. Traga os braços estendidos, com os polegares apontando para baixo, para a frente do corpo. Cruze as mãos de tal forma que as palmas fiquem de frente uma para a outra. Dê as mãos e entrelace os dedos fechando-as num aperto de mãos. Traga as mãos cruzadas para junto do coração com os dedos voltados para cima. No final, é como estar se dando um abraço. Essa postura corporal transmite ao cérebro uma mensagem de amor, autoestima e prazer pela vida. Mantenha os olhos fechados e uma respiração abdominal plena, profunda e relaxada. O ideal é colocar a ponta da língua tocando o fundo do céu da boca, o que, segundo os iogues, é uma forma de estimular a glândula pineal. Faça por um minuto ou mais.

2. Descruze os pés, posicionando-os lado a lado e mantendo-os apoiados no chão. Aproxime as mãos suavemente, unindo apenas as pontas dos dedos, como se estivesse segurando uma bola. Mantenha os olhos fechados e uma respiração abdominal plena, profunda e relaxada. Faça o exercício por um minuto ou mais. Repita-o com as mãos entrelaçadas.

(Ver no site Vídeo – Ginástica Cerebral: http://www.docelimao.com.br/site/cerebro-a-mente/a-pratica.html)

Exercício dos pontos positivos

Os pontos estão localizados acima do centro de cada sobrancelha e a meio caminho da raiz do cabelo. São pontos de acupuntura conhecidos especificamente por disseminarem o reflexo lutar-ou-fugir, aliviando o estresse emocional. Tocar esses pontos transfere a resposta do cérebro ao estresse, do mesencéfalo (parte mais baixa e reptiliana do cérebro) para a parte frontal do cérebro (o lóbulo frontal), permitindo uma resposta mais lúcida e positiva.

Pressione suavemente cada um dos pontos com três dedos juntos de cada mão (polegar, indicador e médio). Feche os olhos e pressione os pontos ligeiramente durante seis a dez respirações lentas e completas ou por um minuto. Inspire permitindo o relaxamento e a chegada das soluções. Expire mentalizando o negativo indo embora.

Como opção a esse exercício, você pode massagear toda a região dos lóbulos frontais (testa) com movimentos suaves e circulares por um a dois minutos.

(Ver no site Vídeo – Ginástica Cerebral II: http://www.docelimao.com. br/site/cerebro-a-mente/a-pratica.html)

Como praticar a terapia do riso

O bom humor é a menor distância entre duas pessoas.
– Eugene Ionesco

Existem muitas formas de praticar o lúdico, o riso, a brincadeira, o bom humor. Aliás, quanto mais praticamos, mais criativos ficamos, e novas maneiras de se divertir com a vida surgem.

Os benefícios não param de ser estudados e relatados. Hoje, profissionais de todas as áreas da ciência e do conhecimento chegaram a um consenso, embora a partir de diferentes expressões: rir é o melhor remédio. Essa é a mais alquímica das bioquímicas. Como num texto que escrevi: *Sitocol risus ativus – a Droga do Século* (ver Webgrafia). Qual século? Todos! Somente a partir de posturas positivas, o cérebro apreende, registra, cria novas conexões, abstrai e transcende.

Comece sua manhã com umas boas gargalhadas, dizendo-se mensagens positivas de amor por você mesmo. Como estou? O que faço para mudar? Cadê o sol? Cadê a minha toalha cheirosa? Ria pela manhã ao se levantar, no espelho ou no chuveiro, saudando-se com umas caretas e risadas, agradecendo e celebrando o novo dia que se inicia. Ria, ria, ria e diga "amo você, amo você, amo você de verdade e sempre vou amar". Siga rindo até não querer mais. Ria de você, da sua vida, das suas gafes, das suas culpas, dos seus problemas.

Pratique a risada, o bom humor e deixe fluir. O riso é a menor distância entre o problema e a solução. É a menor distância entre duas pessoas. É a menor distância entre o seu lado sombra e o seu lado luz. Não tem sombra que se perpetue sob o *flash* de uma gargalhada. Escute as mensagens que lhe vêm por meio da risada. Descubra resistências aos obstáculos inconscientes ao seu próprio bem e a sua própria felicidade.

Quanto mais praticar a terapia do riso, diariamente ou muito frequentemente, no mínimo por cinco a dez minutos, mais depressa suas barreiras internas irão sendo derrubadas. Você irá perceber uma vontade crescente e incontrolável de desfrutar a risada, com a alegria e com o amor e se conectar com ela.

Comece com ra-ra-ra, re-re-re, ri-ri-ri, ro-ro-ro, ru-ru-ru; isso irá provocar a risada. Esse início já é muito engraçado. Começamos achando que nossa risada é sem graça, amarela, insossa, fraca, dispensável e ridícula. Como estamos sempre emburrados, preocupados, acelerados, desconectados com o prazer de viver, o nosso risômetro apresenta vários níveis de ferrugem ou esclerose. Com a prática, rapidamente o nosso risômetro volta a ser forte, sadio e contagiante, como quando éramos crianças espontâneas.

A fisionomia de quem não tem o hábito de rir é sempre fechada, triste e séria. Quando começamos a praticar a terapia do riso, ficamos muito mais bonitos. E você não imagina a quantidade de alegria que irradiamos e atraímos quando estamos bonitos, *risus ativus*. (Leia mais sobre a Terapia do Riso, exercícios e oficinas no meu site www.doce-limao.com.br.)

O riso é como um limpador de para-brisa; ele nos permite seguir em frente, chegar ao nosso destino, mesmo diante da chuva ou temporal. – Gérard Jugnot

Exercícios sensoriais

Em primeiro lugar, é preciso saber qual seu canal sensitivo dominante.

Estatísticas mostram que, apenas ouvindo, retemos no máximo 20% do que nos é ensinado e, apenas olhando, retemos até 30%. Se ouvirmos e olharmos, podemos reter cerca de no máximo 50% das novas informações. Mas se nos envolvermos – usarmos o sistema límbico, o olfato e o hemisfério direito –, a capacidade de aprendizado e memorização sobe para 70%. Agora, se buscarmos colocar em prática aquilo que nos estiver sendo ensinado, a capacidade de assimilação pode chegar a 95%. Como afirmam os sábios, saber e não fazer é o mesmo que não saber.

Cada um dos cinco sentidos, ou canais sensoriais, tem áreas específicas no cérebro onde são armazenadas as percepções e as memórias. Por exemplo, existem pelo menos trinta áreas especializadas apenas para o sentido da visão. E o sentido do olfato é o único que tem acesso direto das vias nasais para o sistema límbico, no cérebro.

Os cinco sentidos são os portais através dos quais o cérebro entra em contato com o mundo exterior. Dependemos primariamente dos sentidos da visão e da audição porque eles nos revelam rapidamente as condições do ambiente ao redor. Os demais sentidos – olfato, paladar e tato – são usados com menor precisão. Mas no passado o olfato era muito mais relevante, pois era usado para seguir a caça, sentir as mudanças do clima e até diagnosticar doenças pelo cheiro. O sentido do olfato é o que guarda a mais estreita relação com ativação da memória afetiva e emocional, pois se relaciona diretamente com o hipocampo (centro da formação da memória e dos mapas mentais) e com o sistema límbico (local onde ocorre o processamento das emoções). Assim, o aroma de pão fresco, do café ou de uma flor nos desperta sentimentos que estimulam a lembrança de diversos acontecimentos de nossa vida.

Para que o aprendizado e o registro de novos conhecimentos seja mais rápido e efetivo, é fundamental saber qual é o seu canal sensitivo predominante, ou seja, se você apreende o mundo pelo visual, pelo auditivo ou pelo cinestésico (tato).

Com esse reconhecimento, será mais fácil encontrar a melhor maneira de praticar os exercícios cerebrais de estímulo sensorial e em quais colocar mais atenção.

Normalmente, quem é visual fala assim: "Olha aqui, deixa eu dizer uma coisa". A pessoa visual retém melhor o que vê (desenhos, gráficos) e o que lê. A ortografia normalmente não constitui problema para ela.

O auditivo normalmente diz: "Escuta aqui...". A pessoa gosta de estudar em voz alta, recorda palavras que o professor disse e distingue muito bem a voz das pessoas ao telefone.

Já o indivíduo cinestésico diz: "Sente só, que coisa bacana". Normalmente os cinestésicos têm uma voz mais bonita. Na categoria dos cinestésicos estão incluídas as sensações de tato, temperatura, posição corporal e também os sentimentos como os de alegria e de depressão. As pessoas nessa categoria aprendem fazendo, manipulando ou escrevendo. Muitas vezes estudam andando ou gostam de estudar em cadeiras macias. Em classe conseguem prestar mais atenção quando o professor se movimenta pela sala.

É importante lembrar que, em situações de estresse ou ansiedade, a pessoa fica mais apegada ao seu canal sensitivo predominante e, nesse caso, é fundamental desativar essa automatização com exercícios que fortaleçam as áreas sensoriais do cérebro que estão menos ativas.

Estimulando os cinco sentidos

A ideia é reconhecer e valorizar o seu sentido dominante (pode ser mais de um), fazendo uso consciente dele para tornar mais ricos e fáceis os processos de aprendizagem e estimulação dos demais sentidos.

Procure ampliar os limites da percepção da vida. Estimular o uso dos canais sensitivos que estão menos calibrados e tônicos pode acelerar e aumentar a ramificação dos neurônios, portanto as sinapses ou conexões cerebrais, que são responsáveis pelo desenvolvimento de novas aptidões e inteligências.

Canal visual

Exercícios de estímulo: olhe à sua volta por alguns minutos; feche os olhos e tente se lembrar do que viu, reconstituindo tudo, sem dar nomes. Faça o mesmo com uma foto ou gravura ou com algum ambiente que tenha lhe agradado no passado. Tape com uma venda (tipo de pirata) o seu olho dominante e passe horas, ou mesmo um dia inteiro, usando somente o seu olho mais "atônico".

Canal auditivo

Exercícios de estímulo: ouça música tentando reproduzi-la, letra e melodia; decore versos, procure discriminar sons: o timbre da voz das pessoas, pássaros, animais, ruídos da rua ou domésticos. Tape o seu ouvido dominante (aquele que você usa mais ao telefone) e passe horas, ou mesmo um dia inteiro, usando somente o seu ouvido menos sensível.

Canal cinestésico

Exercícios de estímulo: pratique esportes, dança, tai chi chuan, identifique diferentes objetos apalpando-os sem olhá-los, mexa com terra, plantas, animais. Entre na piscina ou banheira, feche os olhos e vá percebendo o toque da água (e a temperatura dela) em cada parte do corpo.

Canal olfativo

Exercícios de estímulo: sempre de olhos fechados perceba o cheiro de cada parte do seu corpo, do seu companheiro, de cada alimento, fruta, água, bebida ou flor. Analise os perfumes que tem em sua casa e faça a distinção entre os de tom doce, cítrico ou amadeirado. Cheire as roupas dos armários e até aquelas que precisam ser separadas para lavar.

Canal gustativo

Exercícios de estímulo: experimente, com os olhos fechados, diferentes sabores: doces (banana e mamão), cítricos (maçã, tangerina e ameixa), amargo (alcachofra, rúcula e jiló), salgados etc. Mastigue mais que o normal, beba mastigando, enfim faça uma avaliação dos componentes de uma mistura. Experimente alimentos tampando o nariz. Experimente novos alimentos ou pratos de outros países.

É interessante sempre associar ao olfato fatos que deseja memorizar

As memórias que incluem lembrança de odores costumam ser mais intensas e marcantes. Um odor que tenha sido sentido só uma vez na vida pode ficar associado a uma única experiência, e então a sua memória pode ser evocada automaticamente quando volta a encontrar aquele odor. A primeira associação feita com um odor aparentemente interfere na formação das associações subsequentes. É o caso da aversão a um tipo de comida pelo fato de ela estar associada a um mal-estar físico ou emocional, que nada teve a ver com o odor em si.

Comparativamente, quando as associações são visuais ou verbais, há uma interferência retroativa e elas podem ser facilmente perdidas quando uma nova associação surge. Por exemplo, depois que memorizamos o novo número do nosso celular, torna-se mais difícil lembrarmos do número antigo.

Sugestões de exercícios sensoriais com aproveitamento do cotidiano

Todos nós precisamos ter a consciência de que viver já é uma dinâmica de contínuos exercícios cerebrais. Tal consciência poderá tornar a prática de "acordar" o cérebro mais divertida. Devemos prestar mais atenção ao nosso cotidiano, utilizar os cinco sentidos de modo mais consciente e praticar a todo momento o estado de alerta, a atenção e a meditação.

Escolha uma ou mais destas sugestões por dia. Se desejar, invente outras, usando estas como inspiração. É importante trocar o foco e a forma dos exercícios a cada semana.

1. Ao acordar, cheire uma essência aromática diferente por uma semana: eucalipto, limão, alecrim, baunilha etc. Feche o frasco e o abra novamente depois de tomar banho e se vestir.
2. Tome banho de chuveiro com os olhos fechados, tomando cuidado para não cair ou se machucar. Tome consciência da textura e da temperatura da água, do sabão, de sua pele etc.
3. Quando tomar banho, use uma série de estímulos sensoriais: óleos aromáticos para banho, sabonetes perfumados, esponjas, escovas, toalhas macias, creme hidratante.
4. Escove os dentes com a outra mão. Se a sua mão dominante for a direita, escove os dentes com a esquerda e vice-versa.
5. Troque de mão também ao pentear o cabelo, abotoar as roupas, comer, usar o controle remoto.
6. Mude suas atividades de rotina: vista-se depois do café, ligue a TV num programa que nunca viu; leve o cachorro para passear por um novo caminho.
7. Leia textos em voz alta, se possível caminhando.
8. Na hora do sexo, ponha roupas de cetim, espalhe pétalas de rosa pela cama, tome um champanhe gelado (só para comemorar vale), massageie e receba massagem com óleos aromáticos, ponha uma música para tocar.
9. Caminhe descalço pelo seu quarto com os olhos fechados. Conte os passos, perceba a dificuldade (ou facilidade) desse movimento mesmo num local tão conhecido. Abra as gavetas

e procure descobrir qual é a peça de roupa que está tocando somente pelo tato e pelo cheiro.

10. Mude as coisas de lugar no seu local de trabalho. Troque as coisas de gavetas, os móveis de lugar, os livros nas prateleiras.

11. Apague todas as luzes da casa e fique atento a todos os sons. Os seus, os da casa e os externos. Depois, escreva sobre toda a riqueza de sons que o impressionaram. A vida é plena de sons.

A prática dos exercícios cerebrais pode fazer parte da sua vida diária, só depende do quanto você quer desfrutar dos desafios inerentes da vida para aprender e se expandir, de modo mais lúdico.

Exercícios antiestresse

Flexibilidade é vida, seja flexível. Quando um homem está vivo ele é maleável e flexível. Quando um homem está morto, torna-se rígido. Corpo e mente. Flexibilidade é vida; rigidez é morte. – Bruce Lee

No estado de estresse crônico, 60% das conexões neurológicas entre o cérebro e o corpo físico, que necessariamente passam pelo conjunto muscular do pescoço, ficam comprometidas. Como você já deve ter percebido, as pessoas estressadas têm a região da nuca, do pescoço e dos ombros sempre tensa, rígida e dolorida. Os outros 40% das conexões passam pela face. Por isso pessoas tensas normalmente apresentam uma face contraída, fechada e com dificuldade para relaxar ou sorrir. Os exercícios antiestresse devem ser praticados três ou mais vezes por semana, por no mínimo 20 minutos. São basicamente exercícios de alongamento, que aliviam as tensões e as cargas emocionais acumuladas nas couraças musculares. Tal atividade física provoca imediato impacto positivo no cérebro e nos canais sensoriais, porque a produção natural de endorfinas (hormônios do relaxamento e da alegria) irá reduzir a dor, a tensão, a fadiga e a ansiedade; também vai aumentar a capacidade de percepção da vida.

Ao acordar

Quantas vezes você já acordou cansado, sem vontade de sair da cama? Para muitos pode parecer preguiça, mas pode ser um alerta do corpo: ele quer que o afague primeiro, está precisando de carinho e atenção. No caso, a melhor solução é espreguiçar-se e alongar-se.

Bastam cinco minutos de estica-e-puxa para o corpo sentir a diferença. O alongamento previne a tensão muscular e alivia o estresse. A prática regular melhora a flexibilidade, reduz o risco de lesões, alivia dores e combate os efeitos do envelhecimento.

1) Espreguice-se à vontade – deitado na cama, estique os braços e as pernas o máximo que conseguir. Fique imóvel. Inspire e vá soltando o ar bem devagar. Se der vontade, boceje.
2) Flexione os joelhos – ainda deitado de barriga para cima, abrace uma perna e puxe-a em direção ao queixo. Mantenha a outra esticada. Inspire e expire por quinze segundos e troque de perna.

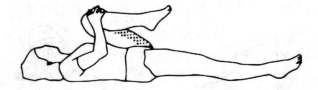

3) Massageie a coluna – ainda deitado de costas, flexione os dois joelhos em direção ao peito. Abra os braços ao lado do corpo e deixe os joelhos caírem (juntos) devagar para um lado do corpo e depois, devagar, para o outro lado. Esse movimento é uma deliciosa massagem para toda a coluna e para os ombros.

4) Estique os braços – sente-se na cama com a coluna ereta e flexione um braço atrás da cabeça. Encoste o cotovelo no topo da cabeça e empurre-o para baixo por vinte segundos. Repita com o outro braço.

5) Movimente os pulsos – ainda sentado, estique um braço para a frente e puxe o dorso da mão (dedos apontando para cima), no sentido do antebraço. Repita com os dedos apontando para baixo). Repita com o outro pulso.

6) Relaxe o pescoço – ainda sentado, junte a sola dos pés em posição de borboleta Puxe a cabeça como se quisesse encostar a orelha no ombro. Deixe o outro braço relaxado para baixo. Repita com o lado oposto.

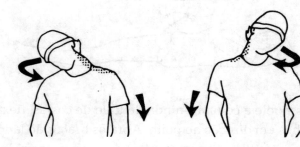

7) Alongue a cintura – ainda sentado, abrace a cintura com apenas um braço e estenda o braço oposto por cima da cabeça, inclinando suavemente o corpo para a lateral oposta ao braço levantado. Mantenha a posição por quinze segundos. Repita com o outro lado.

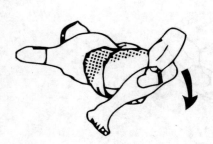

8) Faça caretas – abra bem os olhos e pisque três vezes. Ponha a língua para fora e estique-a. Invente caretas, dizendo "ahhhhh!"

Pescoço e ombros – série 1

Para relaxar toda a musculatura da nuca, do pescoço e dos ombros, você pode lançar mão de óleos de massagem que integram o efeito de relaxamento. Bons óleos essenciais são os de lavanda, ylang-ylang e os cítricos, como o de limão (tahiti ou siciliano), sempre diluídos em óleos vegetais (linhaça, girassol ou babaçu): para cada 60 ml de óleo vegetal prensado a frio adicione cerca de dez gotas de cada um dos óleos essenciais citados. (Saiba mais sobre óleos e receitas de massagem na parte de Aromaterapia da Webgrafia, no final deste livro.)

1) Sente-se com a coluna ereta e com as pontas dos polegares faça uma pressão suave na linha ao longo da base da nuca (do centro para as laterais). Pressione a região por três segundos em cada ponto, relaxe e repita três vezes.

2) Com os dedos indicadores e médios faça movimentos circulares e lentos ao longo do pescoço, deslizando lentamente sempre da base da nuca para baixo até alcançar os ombros.

3) Ainda sentado, com a coluna ereta, segure os ombros e faça movimentos firmes como se os estivesse amassando. A mão direita amassa a musculatura do ombro esquerdo e vice-versa. Massageie por quinze segundos, pare, faça o lado oposto. Repita três vezes de cada lado. (Esse exercício funciona melhor ainda se for feito debaixo do chuveiro.)

4) Com a ponta dos dedos, faça pressão da nuca até os ombros. Repita por três vezes.

Pescoço e ombros – série 2

O giro da cabeça de 180 graus, também chamado de Coruja, trabalha o pescoço e o chakra laríngeo (da garganta), expandindo a comunicação e a amplitude da visão. A pessoa começa a escutar e enxergar muito melhor.

Segure com firmeza os músculos dos dois ombros e aperte (a mão esquerda segura o ombro esquerdo e a mão direita segura o ombro direito). Inspire e gire somente a cabeça, lentamente para o lado esquerdo, e continue girando, tentando enxergar o que está exatamente atrás de você (180 graus). Os ombros devem permanecer imóveis.

Volte expirando para a posição original, ou seja, o movimento termina com os olhos olhando para a frente.

Repita o movimento, girando agora a cabeça 180 graus para a direita. Inspire quando girá-la para trás e expire quando retornar à posição inicial.

Faça o giro completo (para a direita e para a esquerda) por três vezes.

Ombros e quadris

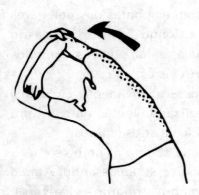

Segure por trás o braço esquerdo estendido (para cima e próximo ao ouvido) com o braço direito flexionado. Expire e flexione o tronco para o lado direito, alongando toda a musculatura das costas e lateral esquerda. Alongue por trinta segundos e relaxe.

Faça o mesmo exercício trocando a posição dos braços, flexionando o tronco para o lado esquerdo e alongando a musculatura das costas e lateral direita. Alongue por trinta segundos e relaxe.

Braços

Sente-se com a coluna ereta. Com a mão esquerda, enlace o punho da mão direita. Inicie com uma pressão suave em torno do punho. Vá subindo, deslizando a mão ao longo de todo o braço até atingir o bíceps. Repita por três vezes o movimento em cada braço.

Abdômen

Deite-se em uma superfície confortável, como uma cama ou colchonete. Com a mão em concha, faça movimentos circulares suaves, porém vigorosos, no sentido horário, em todo o abdômen. Esse exercício também pode ser realizado de pé ou sentado no vaso sanitário. Faça por dois minutos ou mais. É excelente para ser feito pela manhã, antes de nos levantarmos, para ativar o funcionamento dos intestinos.

Rolamento e massagem da coluna

1) Deitado sobre um colchonete, de costas, levante as pernas e dobre-as trazendo os joelhos até o peito. Abrace-as pela parte posterior dos joelhos e levante parcialmente o tronco e cabeça. Comece a fazer um movimento de gangorra com o corpo, de tal modo que a coluna seja massageada, vértebra por vértebra. Quanto mais lento for o balanço, mais eficiente será a massagem e o relaxamento de toda a coluna vertebral. Faça com que a amplitude do balanço vá da nuca até o glúteo. Faça esse exercício diariamente por um minuto ou mais.

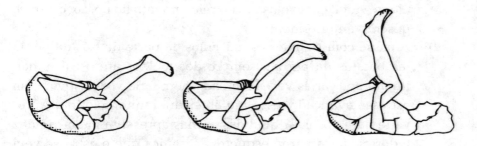

2) Ainda deitado, abrace os joelhos com mais força, ficando numa posição quase fetal. Enquanto os braços puxam as pernas para perto da cabeça, as pernas fazem um esforço contrário, tentando se afastar da cabeça. Repita por três vezes.

Pernas

No estresse avançado (consulte "Teste seu nível de estresse", na página 125), a pessoa tem dificuldade para colocar os pés no chão. Sente cãibra, ardência e fisgadas. Corre riscos de acidentes porque o nervo reflexo do tendão, que pertence ao sistema de alerta, está constantemente contraído. Assim, nesse nível de estresse existe uma resistência contínua para o movimento e os reflexos são muito lentos.

1) Sente-se no chão sobre um colchonete. Flexione uma das pernas para a frente e coloque-a sobre o joelho da outra perna. Na perna flexionada, faça movimentos deslizantes com as duas mãos, sempre no sentido dos joelhos para o calcanhar, ao longo de toda a perna. Repita por várias vezes em cada perna. Nessa série, você pode e deve usar um óleo essencial diluído num óleo vegetal como o usado no relaxamento do pescoço e nuca descrito anteriormente.

2) Amasse com as mãos os músculos da parte de trás da perna (as batatas da perna), sempre dos joelhos até o calcanhar. Repita por várias vezes em cada perna. Se você estiver com estresse avançado, essa região estará muito dolorida. Aproveite para observar qual das pernas apresenta maior rigidez e dor. Se for a perna esquerda, significa que o estresse vem do hemisfério direito (emocional). Se for a perna direita, o estresse vem do hemisfério esquerdo (racional).

3) Com as pontas dos dedos faça pressões suaves e circulares sobre o tendão do calcanhar. Essa é uma região muito dolorida e a manobra deve ser repetida até que diminua a dor.

4) Aproveite para flexionar os tornozelos girando os pés para a direita, depois esquerda, depois para cima e para baixo.

5) Aproveite e faça uma massagem em todo o pé, dorso, sola e dedos.

6) Esse conjunto de exercícios é ideal para ser feito à noite, após um banho relaxante e antes de se deitar. E também, de maneira simplificada, pela manhã ao se levantar.

Flexão da perna

Este exercício o ajuda a ter mais motivação e mobilidade. Deve ser feito sempre que você se sentir bloqueado ou paralisado.

De frente para uma parede, afaste o corpo o mais que puder, inclinando o tronco para a frente, mas mantendo as pernas inicialmente juntas. Apoie as duas mãos espalmadas na parede. Inspire colocando a perna esquerda para a frente e flexionando este joelho. Expire enquanto sente a parte posterior da perna direita (a que ficou para trás) alongando. Mantenha os calcanhares no chão e os pés perpendiculares à parede. Permaneça assim por trinta segundos.

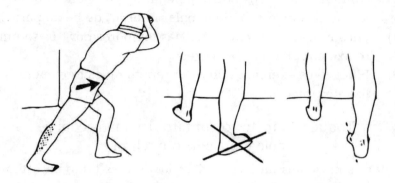

Ao terminar o alongamento da perna direita, troque a posição das pernas. Ou seja, a perna direita deve flexionar para a frente e a perna esquerda terá sua musculatura posterior alongada. Repita por três vezes de cada lado. Quanto mais você dobrar o joelho dianteiro, maior será o alongamento e alívio das tensões da perna que ficou para trás (em alongamento).

Relaxando a face e ativando os sentidos

1) Com a ponta dos quatro dedos juntos (não usar os polegares), faça movimentos horizontais de deslizamento, do centro até a lateral de todo o rosto. Tome cuidado com os olhos. Esses movimentos têm efeitos drenantes e relaxantes.
2) Com as mãos em concha, faça movimentos diagonais de deslizamento com as pontas dos dedos, partindo do queixo, levantando as bochechas, massageando o rosto e finalizando nas orelhas.
3) Com a ponta dos polegares, pressione suavemente o ponto central das sobrancelhas. Faça a pressão por pelo menos três segundos, relaxe e repita por três vezes.

4) Com as pontas dos polegares, pressione agora o ponto final das sobrancelhas. Faça uma suave pressão por três segundos, relaxe e repita por três vezes.
5) Com as pontas dos dedos indicadores, pressione suavemente a área logo abaixo das narinas. Pressione por três segundos, relaxe e repita por três vezes.
6) Com as pontas dos dedos polegares, pressione o queixo (ao longo de todo o osso do maxilar inferior) de baixo para cima.
7) Faça movimentos circulares nas têmporas por três segundos, relaxe e repita por três vezes.
8) Finalize os exercícios do rosto repetindo os movimentos deslizantes iniciais.

Toque seu rosto: o contato das mãos com a pele é prazeroso e relaxa

Exercitar os músculos da face pode relaxar, mas também estimula o cérebro e rejuvenesce. Saiba que esse ritual deixa sua expressão mais natural e viva.

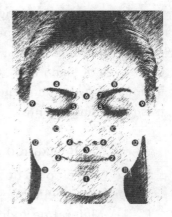

A milenar medicina chinesa observou que o rosto é uma região de inúmeros músculos, mas também por onde passam os meridianos (linhas por onde circula a energia vital e que ficam bem abaixo da pele), relacionados às vísceras. Ao serem estimulados, melhoram a circulação energética e do sangue, harmonizando órgãos e emoções, o que resulta em pele brilhante e expressão tranquila. Uma maneira de promover esse efeito é usar a ponta dos dedos para "dedilhar" a face. Faça movimentos ritmados, como se estivesse "digitando" vigorosamente no rosto. Esse tamborilamento tem resultados diversos: pela manhã, tonifica o rosto; ao meio-dia, relaxa a expressão; e às 18 horas, desintoxica a pele. Quem quiser caprichar na estimulação pode pressionar pontos específicos situados ao longo dos meridianos. Siga os números e repita cada toque nove vezes; inicie pela boca, prossiga pelo nariz e contorno dos olhos (de dentro para fora), desça pela face, percorra o maxilar, aproxime-se da orelha e termine na testa.

Mobilização energética

Este conjunto de exercícios (da série Meditação Divina de Cura) possibilita o desbloqueio e a harmonização dos meridianos. Inspirar pelo nariz inflando os pulmões e o abdômen (respiração abdominal), expirar pela boca, permitindo o alongamento e a expansão do movimento. Repita por três vezes cada um dos exercícios, enquanto mantém os joelhos levemente flexionados.

Figura 6 Mobilização Energética

Exercício Divino dos Mestres

Este exercício (da série Meditação Divina de Cura) trabalha a capacidade de ir para a ação e sair da "fermentação mental", mobilizando a energia para todos os demais centros de inteligência.

Levei um bom tempo pesquisando sobre os motivos de o "Exercício Divino dos Mestres" ser tão poderoso, apesar de simples. Bem, o fato de ser muito simples já é uma boa resposta. Mas, até onde consegui pesquisar, este exercício promove:

1) Intensa irrigação do chakra do coração e de todos os seus chakras secundários, localizados nos ombros, braços, mãos e dedos.
2) Intensa lubrificação e mobilização dos chakras da ação (ou chakras do trabalho, segundo o radiestesista Manoel Mattos), localizados nos ombros, na articulação dos braços com o tronco. Essa mobilização tem como principal consequência a liberação da pessoa para as ações estreitamente sintonizadas com o coração. Assim, bloqueios para as ações de coragem e afeto são dissolvidos.
3) A eliminação de procrastinações, adiamentos, medos, inseguranças e indecisões, além de problemas físicos relacionados ao coração, articulações, braços e mãos.

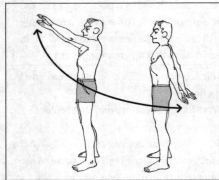

Inspirar: balance os braços lateralmente, para cima.
Expirar: balance os braços lateralmente para baixo (e levemente para trás).
Recomenda-se praticá-lo por dez minutos pela manhã, ao ar livre ou de frente para uma janela aberta.

Figura 7 Exercício Divino dos Mestres

Exercícios de integração

O cérebro faz parte do corpo. O hemisfério esquerdo (HE) está relacionado ao mundo objetivo e racional. O hemisfério direito (HD) é responsável pela imaginação, sensibilidade e criatividade. Para ativar as múltiplas inteligências, é necessário criar ramificações (pontes) que integrem harmoniosamente esses dois hemisférios, como também todas as demais partes do cérebro: reptiliano, límbico e neocórtex.

Hemisfério direito (HD)	Hemisfério esquerdo (HE)
Comanda o lado esquerdo do corpo	Comanda o lado direito do corpo
Não racional	Racional
Instintivo, analógico, intuitivo	Lógico
Sintético	Analítico
Não verbal	Verbal
Não temporal	Temporal
Vê o todo	Vê os detalhes
Espacial	Digital
Integra	Disseca
Abstrato	Concreto
Age por reflexo	Age por tentativa

Por exemplo, na leitura de um texto, às vezes perdemos a concentração e precisamos voltar e "reler". Isso acontece porque as palavras são decodificadas pelo HE e as imagens representadas pelas palavras são decodificadas pelo HD. Logo, o entendimento do texto só acontece quando cada palavra está ligada a uma imagem. Porém, se o leitor estiver pensando em outra coisa (no futebol ou em alguma culpa, por exemplo), ele não será capaz de associar a palavra à figura. A maioria das pessoas (acima de 70%) é homolateral, ou seja, usa predominantemente apenas um dos hemisférios. Nesse caso, toda a inteligência plural e a ação, a capacidade de aprendizado e desenvolvimento da autoestima, ficam prejudicados.

A homolateralidade sinaliza estagnação e compartimentalização. Cria-se um bloqueio e a pessoa afirma: "Não tem jeito, eu não sei dançar", ou: "Não gosto de matemática e ponto final". É a lei da inércia.

*A consciência do movimento e do corpo gera a motivação.
A motivação gera o pensamento positivo para realizar a ação.*
– Conceição Trucom

Engatinhar e saltar cruzado

Esses dois exercícios são os mais importantes de todos os exercícios de integração dos hemisférios. A ideia é cruzar os membros (braços e pernas), como se estivesse ligando as pontas dos circuitos da nossa bilateralidade. Você vai perceber no início de cada série que existe uma dificuldade para coordenar os movimentos cruzados. Mas este é o propósito e o benefício: trabalhar a bilateralidade.

1) Agache-se no chão apoiando-se nos joelhos e nas mãos espalmadas. Engatinhe, lentamente, por uns cinco minutos ou mais, procurando reconhecer toda a sua fisicalidade, todos os seus apoios. No primeiro passo, a mão direita adianta-se junto com o joelho esquerdo. Depois avança a mão esquerda com o joelho direito. Bem, parece que todo mundo sabe engatinhar, mas não é bem assim.

2) Faça o salto cruzado com uma música alegre de fundo, pois a ludicidade irá tornar esse exercício mais agradável e divertido. Chame as crianças para fazerem junto. Como na figura, coordene os movimentos de modo que o braço e a perna oposta movimentem-se ao mesmo tempo.

Faça os movimentos para a frente, para os lados e para trás, além de mover os olhos em todas as direções. Leve a mão ao joelho oposto (toque-o), cruzando a linha divisória, como se estivesse desenhando um X.

Quando os hemisférios cerebrais são estimulados dessa maneira (movimento de cruzamento na frente), sua mente fica totalmente aberta para apreender novas informações.

Os movimentos cruzados levando braços e pernas para trás ativam a intuição, o raciocínio matemático abstrato e a visão espacial.

Quando realizado com pulos, eles trabalham a verticalidade, a abstração, a capacidade de organização e o planejamento.

Movimentos cruzados deitado

Faça este exercício deitado numa superfície cômoda (colchonete ou cama). É ideal para ser praticado antes de sair da cama, da prática esportiva ou de uma atividade desafiadora.

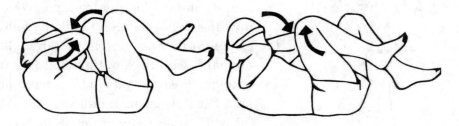

Simule que está andando de bicicleta, enquanto toca o seu cotovelo no joelho da perna oposta. Sua mente e seu corpo vão ficar alertas!

Esse exercício também propicia uma massagem poderosa em toda a coluna e músculos dorsais.

Exercícios energéticos

Estes exercícios provocam uma aceleração no raciocínio e na captação de informações.

Botões cerebrais

Ideal antes de ler ou usar a visão. Enquanto você apoia uma das mãos no umbigo, a outra mão está sobre o peito (esterno) e esfrega esses pontos com movimentos firmes e circulares para a direita e para a esquerda. Ao mesmo tempo, imagine que a ponta do seu nariz é um lápis e pinte vários "8" no teto. Repita, trocando as mãos e o sentido do "8".

Botões do equilíbrio

Faça os botões do equilíbrio para manter o seu corpo relaxado e a sua mente atenta. Quando estiver trabalhando com o computador, por exemplo, coloque dois dedos na reentrância do lado esquerdo da base do crânio (atrás da orelha). Descanse a outra mão sobre o umbigo. Respire, puxando a energia para cima. Após um minuto, troque de mãos, tocando na reentrância da base do crânio do lado direito.

Botões espaciais

Faça estes toques para desanuviar a cabeça e tomar decisões importantes pessoais ou no trabalho. Coloque dois dedos acima do lábio superior, e descanse a outra mão no osso sacro. Aguarde um minuto respirando e fazendo a energia subir pela espinha. Repita trocando as mãos.

Botões terra

Faça esse exercício para melhorar o raciocínio lógico e matemático. Mantenha a ponta dos dedos indicador e médio logo abaixo do lábio inferior (queixo), enquanto a outra mão pressiona a extremidade superior do osso púbico. Respire elevando a energia para o coração. Repita trocando as mãos.

Bocejo energético

Faça estes toques para relaxar as suas cordas vocais. Tente ao máximo bocejar, pois não existe exercício melhor para relaxar e liberar as tensões da face. Coloque as pontas dos dedos nos pontos tensos que você sente no maxilar superior. Faça vários bocejos, longos e relaxados, liberando pouco a pouco a tensão do rosto.

Botão da audição

Faça o aquecimento dos quatrocentos terminais nervosos da audição massageando suavemente toda a borda das suas orelhas. Comece o movimento de cima para baixo, durante um minuto ou mais. Isso vai aquecer suas orelhas e ajudá-lo a escutar muito melhor, auxiliando no aprendizado de línguas e na memória musical e auditiva.

Exercícios de meditação

Existe uma infinidade de técnicas de meditação para o praticante que deseja resgatar seu estado meditativo, seu poder de observar seus pensamentos e agir com consciência do estar presente, em estado de alerta.

Como o objetivo deste livro não é falar sobre meditação, mas indicar a meditação como uma excelente prática para a conquista de uma mente limpa, clara, lúcida e relaxada, proponho algumas sugestões, para que cada um encontre a técnica que mais lhe dá prazer e resultados.

Nós, ocidentais, temos problemas com as técnicas budistas, em que a imobilidade do corpo causa mais inquietações do que paz. Por esse motivo, considero interessantes os exercícios em que o praticante tem a oportunidade de primeiramente liberar o excesso de energia ou estresse do corpo, para depois buscar um espaço de quietude mental e corporal. Bons exemplos seriam o yoga, o tai chi chuan e o lian kong, práticas que integram a atividade física com o relaxamento muscular e a respiração, sempre num espaço de silêncio e meditação.

Considero muito adequadas as meditações ativas do Osho; algumas delas são ótimas para alcançar o estado alterado de consciência e elevar a capacidade do silêncio e de quietude da mente. As técnicas ativas do Osho que mais aprecio são a kundalini, a meditação do coração, a chakra *sounds*, a nataraj e a nadabhrama. Sinto-me muito bem ao praticar meditações com o canto de mantras. Existem mantras muito especiais para nos conectar com vibrações de muita leveza e paz, cura e gratidão. No meu site www.docelimao.com.br, você poderá saber um pouco mais sobre as diferentes técnicas de meditação e locais de prática.

A meditação que proponho aqui é uma técnica de concentração e respiração baseada em estímulos visuais, e que direciona toda a atenção para uma imagem universal: a mandala.

Meditando com mandalas

Ao observarmos uma mandala, é inevitável a atração para o seu centro, e nesse ponto central, o tempo e o espaço cessam de existir.
– Rüdiger Dahlke

Mandalas são imagens circulares usadas há milênios pelos povos orientais para expressar, por meio de um desenho, a experiência humana de contato com a energia divina. Nas mandalas, estão expressas as relações entre o Homem e o Cosmos, entre a busca de conquistas materiais e a energia espiritual que está por trás delas. Em outras palavras, as mandalas são um caminho para o autoconhecimento em estado de sintonia com Deus.

A palavra mandala vem do sânscrito e significa "círculo mágico". Entre os povos orientais, atribui-se às mandalas a característica de representar graficamente o ritmo, o movimento e a harmonia que regem todo o universo, a natureza e o próprio ser humano.

Para os hindus, a mandala é a reprodução da mente humana quando equilibrada. Por essa razão, meditar corretamente, olhando para uma mandala, pode reordenar os processos mentais, trazendo paz e soluções para conflitos sobre os quais nem mesmo conseguimos ter consciência. Ou seja, mesmo sem que você saiba exatamente o que causa uma determinada perturbação em sua vida, a meditação com uma mandala pode colaborar para a solução do problema.

Como meditar com mandalas

1. Escolha a sua mandala – aquela que mais o fascina – e observe-a bem, pensando naquilo que você está buscando. Foco? Concentração? Criatividade? Abundância? Fertilidade? Saúde? Amor? Serenidade? (Consulte na Webgrafia um site de mandalas.)
2. Procure se sentar numa posição confortável com a coluna ereta, colocando a mandala diante do seu rosto, pendurada na parede. O centro da mandala deverá estar na altura dos seus olhos, à distância de um braço (60 a 80 cm).
3. Focalize toda sua atenção no centro da mandala. Não exerça tensão sobre os olhos, que deverão permanecer repousados no centro da mandala durante todo o exercício.
4. Procure aos poucos esvaziar a mente, deixando a mandala agir em você por meio do movimento que lhe é inerente. A ideia é preencher toda a sua mente com a imagem da mandala. Ela será reconstruída dentro de você.

5. Não queira controlar seus movimentos. Respire profunda e lentamente permanecendo todo o tempo relaxado. Seus olhos poderão ficar pesados, lacrimejar ou arder. Permita que isso aconteça, mas não julgue. Deixe a mandala limpar, desobstruir e energizar seus olhos físicos e seus componentes etéricos. Fixe sempre o olhar no centro do desenho. Perceba os detalhes captados pela visão periférica, sinta sua vibração, mas não se desligue do centro.

6. Procure piscar o mínimo possível e quando o fizer que seja suavemente e com total atenção. Não faça nenhum tipo de avaliação ou juízo crítico. Não deixe a sua mente interferir no processo. Apenas observe o que está acontecendo dentro e fora de você.

7. Perceba que, quando sua mente se aquieta, você dispersa menos energia com o pensamento e, como não existe vácuo no universo, outra função assume essa energia. É nessa hora que funcionam a intuição, o autoconhecimento, a clarividência e a clariaudiência. Começam a emergir interiormente potenciais normalmente submersos do seu ser.

8. Mergulhe na mandala por quinze minutos. É opcional o uso de música ou qualquer outro estímulo auditivo. Durante todo o exercício é vital a atenção na respiração, que poderá ter variantes de acordo com o que se quer atingir.

9. Quanto mais imóvel você conseguir ficar, mais a mandala penetrará em você, harmonizando seu campo de energia e os chakras.

10. No final dos quinze minutos, feche os olhos, aqueça as mãos, esfregando uma na outra, e as coloque sobre eles, relaxando-os.

11. Não se deite logo em seguida. Permaneça por mais quinze minutos sentado, observando o que está acontecendo internamente com você. Essa observação é o objetivo de toda e qualquer técnica meditativa. Fique em silêncio, de olhos fechados e coluna ereta.

12. Após esse período, se quiser, deite-se.

13. Essa meditação não deve ser feita antes de dormir ou logo após as refeições.

14. Depois de um período de prática de 21 dias, troque de mandala.

Figura 8 Mandala

Uma outra forma de meditar com mandalas é colori-las com lápis de cor ou tinta. Confira as sugestões na nossa Webgrafia.

Proposta de prática diária

Chegamos ao final desta série de sugestões para você exercitar o corpo, o cérebro e a alma (divertindo-se). Pode ser que você esteja pensando: Quantos exercícios! Como vou praticar tudo isso? Não tenho tempo!

Em primeiro lugar, é necessário que você sinta que merece isso e se dê esse direito. De quanto tempo você precisa para cuidar de sua saúde, ter qualidade de vida e buscar seu bem-estar?

A minha proposta é a seguinte:

- Faça uma programação de exercícios matinais diários, que dure de dez a quinze minutos no mínimo.
- Faça uma lista por escrito – uma série que você vai focar a cada semana.

- Não se esqueça de iniciar seu dia com água ou com os sucos desintoxicantes. Depois vêm a respiração, o positivismo, muito riso, a integração, o relaxamento e a turbinagem!
- Mude a seleção a cada semana para não robotizar o movimento.
- Durante o dia, tome de 50 a 200 ml de um líquido (água, chá ou suco desintoxicante) a cada hora e lembre-se de respirar melhor, relaxando e usando a criatividade em situações em que seja necessário resgatar a energia, a lucidez e a paz.

Testes

Teste seu nível de estresse

Este teste foi desenvolvido pelo Centro Psicológico de Controle do Estresse, em São Paulo (http://www.estresse.com.br), que, segundo os pesquisadores do centro, apresenta basicamente três níveis: passageiro, intermediário e agudo.

Assinale os sintomas que sentiu nos últimos três meses e localize o seu nível de estresse. Para qualquer nível, é fundamental providenciar uma atividade física adequada, uma alimentação mais vitalizante e balanceada e a prática dos exercícios cerebrais.

Nível 1: Passageiro – Afeta a produtividade com pontos de bloqueio principalmente no pescoço e na nuca. Fundamental praticar exercícios de alongamento e relaxamento.

- Dificuldade para expressar os seus sentimentos e ansiedades
- Mãos ou pés frios, transpiração excessiva
- Boca seca
- Dor de estômago
- Músculos do pescoço e nuca tensos e enrijecidos
- Insônia
- Crise de hipertensão
- Taquicardia
- Bruxismo

Nível 2: Intermediário – Afeta o sistema imunológico com pontos de bloqueio nas costas e nos quadris. Fundamental colocar limites e não carregar o mundo nas costas.

- Aceitação de prazos não realistas
- Dores nas costas e ombros pesados
- Esquecimento de coisas corriqueiras
- Pesadelos
- Dificuldades para tomar decisões
- Desejo repetitivo de mudar-se para uma ilha deserta
- Problemas de pele ou resfriados constantes
- Tique nervoso
- Dificuldade para se desligar dos problemas

Nível 3: Agudo – Risco de acidentes pelo sistema reflexo retardado; pontos de bloqueio nas pernas, nos joelhos, no calcanhar e na batata das pernas. Fundamental movimentar a vida e aprender a lidar com a força das próprias pernas.

- Sentimento de raiva por períodos longos ou motivos tolos
- Sensação de incapacidade para o trabalho
- Perda de apetite por vários dias
- Depressão ou apatia
- Desenvolvimento de alguma doença
- Irritação diante de coisas banais (o sinal que não abre, o elevador que não chega)
- Mau humor crônico
- Episódio de ansiedade
- Perda do desejo sexual por um período longo

Sintomas de estresse

Por meio deste pequeno questionário você terá a oportunidade de se autoavaliar, refletindo sobre cada um dos oito aspectos abordados. A reflexão será importante, pois as respostas precisam ser sinceras, para que surja a vontade de transformar o estresse em estímulo para cuidar-se e respeitar seus limites.

* 126 *

As respostas devem ser positivas ou negativas, não há meio-termo. No final será contado o número de respostas positivas, para avaliar em que nível de estresse você se encontra.

1. Você é agressivo e competitivo em tudo o que faz?
2. Acha difícil relacionar-se com os outros?
3. Tem dificuldade para expressar os seus sentimentos e ansiedades?
4. Frequentemente assume ou aceita prazos não realistas?
5. Repassa mentalmente muitas vezes os fatos diários e se preocupa com eles?
6. Sua vida mudou muito nos últimos seis meses?
7. Você tem pouca ambição e sempre depende do estímulo de outras pessoas para agir?
8. Vive exclusivamente para o trabalho sem atividades ou interesses fora dele?

Contagem e avaliação

Conte quantas vezes você respondeu "sim" às perguntas.

0 a 2 – Neurônios em dia. Estresse num nível saudável.

3 – Baixo nível de estresse. Atenção. Estado de alerta.

4 – Médio nível de estresse. Cuidado e atenção. É hora de começar a fazer algo para minimizar o estresse. Relaxar, se divertir, rir bastante!

5 a 8 – Elevado nível de estresse. Férias urgentes. Exercícios físicos e cerebrais se tornam prioritários. Risco de acidentes.

Teste sua eficiência cerebral

A proposta deste teste é ajudá-lo a perceber o quanto é urgente a necessidade da prática dos exercícios cerebrais na sua vida. O nível de necessidade pode ir desde uma mera prevenção, o que é muito recomendável, até um resgate urgente da sua eficiência e agilidade mental.

Prático e objetivo, o teste pretende dar uma ideia do quanto os recursos cerebrais básicos estão comprometidos, seja pelo estresse, pela má alimentação, pela respiração inadequada, pela falta de atividade física ou qualquer outro fator.

Leia cada uma das quarenta situações do cotidiano e assinale aquelas que se aplicam a você. Quanto mais honestas suas respostas, mais real será a "fotografia" de sua eficiência cerebral.

Registre sua pontuação (0 a 40 pontos) para que, daqui a um mês, após o período de prática dos exercícios cerebrais, você possa verificar seus avanços.

1. Quando quero estacionar o carro, levo tanto tempo escolhendo entre uma vaga ou outra que muitas vezes acabo perdendo as duas.

2. Costumo sair e esquecer a luz acesa ou a janela aberta.

3. Quando compro um aparelho novo, vou mexendo para saber como funciona e só em último caso leio o folheto de instruções, que, aliás, sempre me parecem mal redigidas.

4. No supermercado, quando mudam os artigos de lugar ou, pior ainda, quando mudam as prateleiras das seções, fico perdido(a). Até me habituar à nova disposição, costumo me atrapalhar bastante nos corredores.

5. Sempre esqueço onde deixei os objetos que mais uso, como chaves, óculos, carteira, isqueiro ou fósforos, caderneta de endereços etc.

6. Quando preciso usar minhas mãos, sou desajeitado(a), seja para pregar um quadro na parede, abrir uma lata de conservas ou fazer um conserto.

7. É incrível como as crianças que ficam brincando perto de mim logo me aborrecem! Por mais que eu goste delas, me complicam a vida.

8. Na televisão, conheço muito bem os animadores e, no entanto, faço confusão com seus nomes.

9. Durante os primeiros meses do ano, várias vezes eu dato os cheques com o ano anterior.

10. Nos testes de conhecimentos gerais da TV ou do rádio, quase sempre sei a resposta certa, mas demoro muito para dizer e perco sempre.

11. Não ligo para a minha aparência física. A elegância me parece uma coisa supérflua.
12. Não consigo saber de cor a senha do meu cartão de crédito.
13. Acho que não valeria mais a pena viver se eu tivesse uma doença grave ou se um acidente me privasse de uma das mãos ou me deixasse cego.
14. A ideia de ir para um país onde tivesse de lidar com uma língua estrangeira me dá angústia.
15. Sei uma porção de anedotas na ponta da língua, mas, quando vou contá-las, esqueço uma parte importante, troco as falas, estrago o final... enfim, sou um fracasso!
16. Tenho certeza de que não vou viver muitos anos.
17. Quando ligo a TV, fico mudando de canal porque não tenho paciência de ver um programa até o fim.
18. Quando vou fazer compras, para não esquecer nada, faço uma lista. Se perder a lista, fico sem saber o que fazer.
19. Mesmo que tenha um mapa do endereço aonde vou, quando chego lá não consigo encontrar as ruas, fico desorientado(a), e sou obrigado(a) a pedir informações à primeira pessoa que passar.
20. Se discuto música, moda ou política com meus filhos ou netos, logo entro em choque com eles.
21. Ao entrar no aeroporto, em vez de consultar os painéis eletrônicos com as indicações dos voos, costumo pedir a alguém a informação de que preciso.
22. Quase sempre esqueço alguma coisa no fogo ou no forno.
23. Quando olho as fotos tiradas nas férias, costumo confundir as cidades, os monumentos, as datas em que foram batidas.
24. Se eu herdasse uma fortuna, logo pensaria em destiná-la a uma criança, a uma associação de caridade ou a uma organização humanitária, sem pensar em mim mesmo(a).
25. Sempre me atrapalho ao calcular um troco.
26. Quando mudo de carro, levo muito tempo até me habituar ao manejo do novo veículo.
27. Detesto que mudem minhas coisas de lugar!
28. Não me lembro de um artigo de jornal, mesmo que o tenha lido há pouco tempo.

29. Muitas vezes, quando o farol do semáforo fica verde, ouço os carros que estão atrás de mim buzinando furiosos porque, pelo jeito, demoro para dar a partida.

30. Se tocarem a campainha enquanto estou fazendo alguma coisa que exige atenção ou delicadeza, fico meio desnorteado(a) e levo um certo tempo até me decidir a parar o trabalho e ir abrir a porta.

31. Sem querer, adoço várias vezes o suco ou ponho sal demais na comida.

32. Eu me atrapalho com nomes novos, sobretudo os de pessoas, e os pronuncio de modo errado, trocando uma letra ou sílabas. Aí, quando quero pronunciar certo, fica difícil.

33. Quando a telefonista me dá um número que quero chamar, preciso anotar imediatamente, senão esqueço, mesmo que vá ligar nos próximos segundos.

34. Se percebo que está me faltando dinheiro na carteira, a primeira ideia que me vem à cabeça é que alguém me roubou.

35. Às vezes cumprimento alguém na rua que me olha espantado; percebo então que me enganei.

36. Quando não durmo na minha cama, tenho dificuldade para pegar no sono e chego a passar a noite em claro.

37. Ao usar o caixa eletrônico no banco, sempre me atrapalho.

38. Sempre faço confusão entre duas cidades, dois times esportivos ou dois acontecimentos em particular.

39. Só o meu meio profissional, atual ou passado, me interessa de fato. O resto me é bem indiferente.

40. Se um dos comerciantes dos quais sou freguês(a) fecha sua loja, fico bastante atrapalhado(a) e levo muito tempo até conseguir escolher outro fornecedor.

Fonte: INRPVC (Institut National sur la Prévention du Vieillissement Cérébral), Hospital Bicêtre, Paris.

Matérias de jornais e revistas

A revolução do cérebro

Está aí a revolução: segundo os cientistas, o seu cérebro é muito elástico. Há menos de vinte anos, imaginava-se que ele fosse como um computador, uma máquina com circuitos fixos, em que tudo o que se podia fazer era acrescentar informações. Agora se sabe que não. "O hardware também é aprendido. Caminhar, falar, mover partes do corpo, tudo isso envolve experiência e memória", diz Ivan Izquierdo, neurocientista da PUC (RS). O cérebro se reinventa, cria novos neurônios, novas conexões e novas funções para áreas pouco utilizadas.

Não é de espantar que os cientistas tenham demorado a perceber isso. Até três décadas atrás, tudo o que se podia fazer para estudar o cérebro humano era abrir a cabeça e olhar dentro. Alguns chegaram a fazer isso com pacientes vivos, mas o normal era esperar as pessoas morrerem e depois estudá-las durante as autópsias. Na época, as principais descobertas vinham de pesquisas com animais ou com pessoas com lesões no cérebro – por exemplo, se alguém perdia o hipocampo e, junto com ele, a memória recente, deduzia-se que os dois estavam ligados.

Agora, os cientistas conseguem desde entender como os genes dão origem às moléculas do cérebro até simular em computador conjuntos de neurônios. E surgiram maneiras de observar o cérebro em atividade, graças, principalmente, à ressonância magnética funcional (RMF), uma espécie de telescópio Hubble para os neurocientistas, que possibilita detectar, por ondas de rádio, o fluxo de sangue oxigenado para diferentes partes do cérebro, o que indica as regiões mais ativas em cada situação.

A técnica permitiu, pela primeira vez, mapear o cérebro em funcionamento. Também enterrou aquela ideia de que só usamos 10% da nossa mente: todo o cérebro trabalha o tempo inteiro. Mas, de acordo com o que fazemos, algumas partes são mais ativadas que outras. Nos últimos anos, as pesquisas mostraram os sistemas que são ativados em situações como se apaixonar, tomar uma decisão, sentir sono, medo, desejo por uma comida ou até *schadenfreunde*, palavra alemã para o prazer de ver alguém se dando mal (que, se percebeu, é mais intenso em homens). "Estamos decifrando a linguagem com que as áreas do cérebro conversam. É possível que os sistemas que conseguimos ver sejam como um arquipélago: parecem ilhas isoladas, mas, por baixo, são parte de uma mesma montanha", diz o radiologista do Hospital das Clínicas, Edson Amaro, membro do projeto internacional Mapeamento do Cérebro Humano.

O que complica as pesquisas é que, assim como não existe uma pessoa igual à outra, cada cérebro é diferente. Além disso, a aparência dos neurônios não é um indicador fiel do que acontece na mente. "Existe quem morra com problemas de memória e, na autópsia, se percebe que o cérebro estava perfeito. E também os que não apresentaram problemas até o fim da vida, mas têm um cérebro danificado", diz Lea Grinberg, uma das coordenadoras do banco de cérebros da Universidade de São Paulo (USP), que reúne e tenta comparar 3.600 amostras para resolver problemas como esse. Mesmo ainda misterioso, é provável que seja esse o ponto em que o modo como você utiliza o cérebro faça a diferença.

"Ele é como um músculo: se você o exercita, está mais protegido contra problemas", diz Lea. Em caso de danos ao cérebro – seja causado por doenças como Alzheimer ou por pancadas na cabeça – pessoas com bom nível educacional ou QI alto sofrem perdas menores de capacidade cerebral. Ao que tudo indica, exercitar o cérebro cria uma espécie de proteção a danos. É possível que, quando necessário, os atletas mentais consigam mobilizar outras áreas do cérebro mais facilmente, ou talvez compensem a perda por usarem cada área de maneira mais eficiente.

Aliás, uma boa notícia: só o fato de você estar lendo este texto já é um começo. "A leitura é um exercício fantástico. Quem não lê está fadado a ter uma memória menos eficiente", diz Izquierdo. Enfrentar desafios e sair da frente da TV também ajuda, assim como evitar uma vida sedentária e praticar exercícios físicos. Eles não só permitem que o seu cérebro funcione melhor como, provavelmente, estimulam o nascimento de novos neurônios.

Depressão não é tristeza?

A teoria tradicional diz que a depressão é uma deficiência de serotonina – um neurotransmissor relacionado a funções como o humor, o sono e o apetite – e, para combatê-la, tudo o que os antidepressivos fazem é aumentar a quantidade dessa substância no cérebro. Mas duas questões nessa teoria intrigam os cientistas. A primeira é que, pouco depois de tomar esses remédios, o cérebro já está cheio de serotonina e, no entanto, nada acontece. O segundo é que os efeitos esperados só vão aparecer um mês depois. Um mês é exatamente o tempo que o cérebro leva para produzir novos neurônios e fazê-los funcionar. Foi daí que se suspeitou que existe uma relação entre a depressão e a queda na produção de novas células no cérebro. Outros indícios reforçaram a hipótese: o estresse – um dos principais fatores que desencadeiam a depressão – também inibe a neurogênese, como se o cérebro estivesse mais preocupado em sobreviver ao fator estressante que em produzir neurônios para o futuro. Mas a primeira evidência concreta veio em 2000, quando cientistas americanos mostraram que os principais tratamentos antidepressivos aumentam a neurogênese em ratos adultos. No ano seguinte, percebeu-se também que bloquear o nascimento de neurônios em ratos tornava ineficazes os antidepressivos. Agora, a esperança é encontrar uma forma de estimular a neurogênese e, com isso, aliviar a depressão. Pelo que indicam esses estudos, essa doença pode não ser só um estado de tristeza, mas, sim, o efeito da falta de neurônios novos e da consequente perda da habilidade para se adaptar às mudanças e desafios da vida.

(Fonte: Revista *Super Interessante*,
Editora Abril – agosto 2006, número 229 – Rafael Kenski)

Exercício pode estimular a reprodução de neurônios

Embora ainda não haja comprovação científica em seres humanos, faz sentido dizer que uma pessoa pode ficar mais inteligente se praticar exercícios físicos.

Essa afirmação do dr. Luís Eugênio Mello, professor de neurofisiologia da Universidade Federal de São Paulo, está baseada em uma experiência feita em camundongos, que aponta a atividade física como um dos fatores que estimulam o nascimento de neurônios (neurogênese) no hipocampo, região do cérebro responsável pela memória e aprendizagem, entre outras funções. Esse trabalho foi publicado em março de 1999, na revista britânica *Nature Neuroscience*.

Para colaborar ainda mais com a rotina dos intelectuais, o estudo aponta um outro fator que também pode estimular a inteligência: o exercício mental, como por exemplo, aprender coisas novas.

Cientistas do Instituto Salk de Estudos Biológicos, na Califórnia, submeteram cobaias a exercícios físicos, como correr dentro de uma roda e nadar. Outros ratinhos foram postos para executar tarefas de aprendizado. Foi constatado que o número de neurônios mais que dobrou nos animais.

O Dr. Mello lembra que o dogma de que os seres humanos nascem com um número determinado de neurônios, que vão morrendo ao longo da vida sem conseguir se reproduzir, está ultrapassado. Primeiro descobriu-se que o hipocampo de ratos adultos era capaz de produzir neurônios. Atualmente, já se sabe que o mesmo ocorre em humanos.

"Assim como os exercícios podem estimular e introduzir o nascimento e a reprodução dos neurônios, o estresse pode fazer com que eles morram ou deixem de nascer. Então, para uma vida cerebral saudável, o importante é cuidar da parte física em conjunto com a psíquica. Isso significa não só realizar atividades físicas", afirma Mello.

Como fatores redutores de estresse, o neurofisiologista aconselha ainda manter uma alimentação balanceada, um tempo de sono adequado e algumas horas dedicadas ao lazer.

(Fonte: *Jornal do Comércio* – Recife –11/07/1999)

Malhar para recordar

Os bons efeitos dos exercícios físicos, sobretudo os aeróbicos, vão muito além de um corpo firme e forte. Pesquisas comprovam que eles estimulam a memória.

Uma observação interessante dos cientistas: quanto mais lúdico o exercício, melhor o efeito para a memória. Ou seja, você precisa gostar da modalidade.

A suspeita de que a prática de exercícios tem grande influência sobre o cérebro vem de longa data. Não é novidade, por exemplo, que eles favoreçem o bombeamento de sangue, o que significa mais oxigênio para as células da massa cinzenta. Recentemente, porém, exames de ressonância magnética forneceram provas irrefutáveis de que seus efeitos extrapolam o incremento na circulação. Há uma mudança em certas estruturas e até mesmo o aumento do volume do cérebro. "Caiu por terra a crença de que, uma vez formado, ele só sofreria alterações físicas em casos de doença. A atividade física, inclusive, pode modificá-lo", conta o neurologista Li Li Min, professor da Unicamp, no interior de São Paulo.

Um trabalho recente da Universidade de Columbia, nos Estados Unidos, aponta que a região cerebral mais beneficiada pelos esportes ou pela ginástica é o hipocampo. E é bem ali que ficam arquivadas as nossas lembranças. Os cientistas monitoraram durante três meses o comportamento do hipocampo de onze voluntários, antes e depois de correrem na esteira. Essa área foi se tornando cada vez mais requisitada. A circulação ficou mais intensa nesse ponto da massa cinzenta, sem contar indícios da formação de novos neurônios. O desempenho dos voluntários nos testes de memória também melhorou bastante, confirmando o que se presumia nas imagens da ressonância.

Os neurocientistas até arriscam uma explicação com base na química para os ganhos proporcionados pelos exercícios. Segundo eles, quando nossos músculos se flexionam e se relaxam seguidas vezes, liberam uma proteína chamada IGF-1. Ela, por sua vez, viaja até o cérebro e ali estimula a síntese de uma substância, o BDNF, envolvido com a nossa capacidade de raciocínio apurado.

Outro estudo que comprovou a ação da atividade física sobre a memória foi feito no Hospital das Clínicas de São Paulo e foi coordenado pela professora Maria Angela Soci, presidente da Sociedade Brasileira de Tai Chi Chuan. "Junto com uma equipe do departamento de gerontologia do hospital, selecionamos vinte voluntários com mais de 65 anos que praticavam essa modalidade duas vezes por semana", conta Angela. Depois dos três primeiros meses de atividade, o grupo passou por uma avaliação e os resultados surpreenderam os especialistas. "Houve grande melhora na concentração e na memória."

A capacidade de reter informações não é o único ganho proporcionado pelos exercícios. "Eles beneficiam o sistema neurológico como um todo", diz o médico Arnaldo José Hernandez, presidente da Sociedade Brasileira de Medicina do Exercício e do Esporte. "E quanto mais lúdica a modalidade, melhor", observa. Além de deixar o raciocínio tinindo, manter-se ativo fisicamente ajudaria a evitar e até tratar certas doenças neurológicas. Alguns trabalhos defendem que mexer o corpo com regularidade diminui os riscos, por exemplo, de pequenos derrames, aqueles que às vezes nem são notados no momento em que acontecem, mas que atrapalham a cognição, ou seja, a capacidade de assimilar conhecimento.

O que seria essa tal prática regular? O estudo realizado no Hospital das Clínicas de São Paulo revelou que fazer exercícios duas vezes por semana já faz um bem enorme, mas ainda não há consenso a respeito da frequência ideal. Muitos pesquisadores sugerem que você se exercite pelo menos três vezes por semana — essa é a indicação, aliás, para quem quer dar uma força ao corpo inteiro, sobretudo ao sistema cardiorrespiratório.

Cérebro malhado

Na Unicamp, no interior paulista, os pesquisadores analisaram as imagens do cérebro de 36 indivíduos – vinte sedentários, oito judocas e oito corredores de longa distância. "Só notamos alterações positivas na massa cinzenta dos que praticavam exercícios", explica Wantuir Jacini, professor de educação física e mestre em neurociência. "E o mais impressionante foi que as mudanças no grupo dos lutadores de judô não foram as mesmas observadas na turma dos que correm", completa Wantuir, que usou essa pesquisa em sua tese de mestrado. "Isso pode ser um indício de que precisamos lançar mão de atividades diferentes para prevenir diferentes problemas, como o Parkinson e o Alzheimer."

O orientador do estudo, o neurologista Li Li Min, acrescenta: "Esse é só o começo de um longo caminho até que se possa recomendar com precisão este ou aquele esporte para combater males diferentes".

Os efeitos mentais da atividade física são cumulativos. Se você já incluiu exercícios em sua rotina há muito tempo, tanto melhor. Se ainda vive no maior sedentarismo, esse é mais um motivo para mudar de estilo sem perda de tempo.

(Fonte: Revista *Saúde é Vital* – Editora Abril – Julho de 2007 – Thais Szegö)

Como manter o bom humor

Manter o bom humor e fazer da vida uma saudável brincadeira são a melhor maneira de exercitar seu cérebro e permanecer sempre jovem.

Homens e meninos só diferem quanto ao tamanho dos seus brinquedos. Pelo menos é o que dizia um adesivo colado no vidro traseiro de um jipe estacionado numa esquina de São Paulo. As manchas de barro grudadas na lataria do veículo – fruto provável de frenéticas correrias por estradas lamacentas – pareciam demonstrar que seus donos levavam essa frase ao pé da letra. Sorte a deles, por assumirem na teoria e na prática uma verdade que o nosso mundo urbano moderno (e sisudo) quase esqueceu: brincar é preciso.

Todos os grandes gênios que a humanidade já produziu concluíram, mais cedo ou mais tarde, que nosso vasto mundo é um *playground* onde, de todas as moedas de troca, a mais importante é o bom humor. Seja na forma de circo, de longas caminhadas a pé, de contar piadas numa roda de amigos, brincar é, sem dúvida, o melhor remédio.

Para William Shakespeare, brincar tem a ver com teatro: "O mundo é um palco onde homens e mulheres são apenas atores; entre a entrada e a saída, cada um desempenha vários papéis".

Gostar de brincar dispensa explicações. É como gostar de rir, cantar, dançar, caminhar na praia numa manhã de verão. Faz parte daquelas coisas essenciais que já nascem com a gente, e sem as quais a vida vira um mingau insosso. Basta observar a natureza: você já viu como os animais adoram brincar?

Cada vez mais distantes da natureza, esquecemos que brincar é fundamental para a saúde física, psíquica e mental e para a felicidade.

Cérebro brincalhão

A perda do meio ambiente adequado para se brincar e, como consequência, da própria capacidade de brincar, produz muitos efeitos negativos na vida das pessoas, sejam crianças ou adultos. Nos últimos tempos, cientistas de várias áreas dedicaram-se a investigar a filosofia e a psicologia do ato de brincar: o que acontece com o corpo, o cérebro e o comportamento de uma criatura quando ela se diverte, faz travessuras, ri e desfruta a vida?

Desde o início, os resultados surpreenderam: é justamente quando se brinca que as células cerebrais formam mais e mais conexões (sinapses), criando uma rede densa de ligações entre neurônios que passam sinais eletroquímicos de uma célula para outra. Ou seja, o ato de brincar e rir estimula e exercita as diferentes funções cerebrais. Sinapses brotam em grande número especialmente durante a prática de travessuras.

O cerebelo é a parte do cérebro responsável pela coordenação motora, pelo equilíbrio e pelo controle dos músculos. Por meio dos intensos estímulos físicos e sensoriais produzidos pelas brincadeiras, risos e gargalhadas, são reforçadas as ligações sinópticas cerebelares que, em troca, aceleram o desenvolvimento motor nas crianças e, nos adultos, preservam e reforçam essas mesmas capacidades motoras.

Certamente, outras partes do cérebro também se beneficiam da estimulação da brincadeira, o que pode explicar o fato de as espécies com cérebro grande, como a dos primatas e a dos golfinhos, serem tão brincalhonas. Nessas criaturas, sem esquecer que o homem é também um bicho de cérebro grande, o cérebro continua a amadurecer muito tempo depois do nascimento e, portanto, precisa, o mais possível, desses "beliscões" do mundo externo facilmente proporcionados pelas brincadeiras e situações de alegria e prazer.

Os movimentos vigorosos das brincadeiras também ajudam no amadurecimento dos tecidos musculares. Ao enviar tipos variados de sinais nervosos para os músculos do corpo, o ato de brincar assegura a distribuição e o crescimento adequado das fibras musculares de resposta rápida, necessária para atividades aeróbicas. Os estudos de desenvolvimento muscular de camundongos, gatos e outros animais revelam que o crescimento e a diferenciação dessas fibras musculares são maiores justamente quando esses bichos estão na fase mais brincalhona e divertida de suas vidas.

Brincar, contudo, não é fundamental apenas para o bom desenvolvimento e para manutenção do cérebro e dos músculos. Do ponto de vista psicológico e comportamental essa atividade tem importância ainda mais profunda e sutil.

A sedução do humor

Você faz parte do time dos brincalhões alegres de bem com a vida, ou é daqueles que confundem seriedade com chatice rabugenta? Eu já fiz minha opção: gosto de brincar e assumo o risco de, às vezes, até passar por tonta ou gaiata. Entendo que, se para a criança a vida lúdica é fundamental, deixar de brincar não é. No adulto, ser sério e responsável é sinal de maturidade. Mas se não permitimos flexibilidade, adaptabilidade e versatilidade para a responsabilidade, está comprado o passaporte certo para a decrepitude.

Claro, eu bem sei que a melancolia existe e, em determinados momentos, ela precisa ser respeitada. Quando ela chega, deixo que se instale e desempenhe o seu papel. Mas, na primeira oportunidade, procuro seduzi-la com o presente do bom humor. Ela quase sempre aceita a proposta e entra no jogo. Pois, embora não pareça, até a melancolia gosta de brincar.

(Fonte: Conceição Trucom, site www.docelimao.com.br)

Os aspectos positivos dos desafios

Se sua casa pegar fogo, aproveite para se aquecer!
– Provérbio espanhol

O laboratório de Thomas Edison foi totalmente destruído pelo fogo em dezembro de 1914. Apesar de os prejuízos ultrapassarem dois milhões de dólares, o prédio estava segurado em apenas 238 mil dólares, porque, por ser de concreto, era tido como sendo à prova de fogo. Muito do trabalho de pesquisa de uma das pessoas mais inventivas que o mundo conheceu se foi com as labaredas impressionantes daquela noite de dezembro. No auge do incêndio, o filho de Edison, Charles, um rapaz de 24 anos, procurava freneticamente pelo pai em meio à fumaça e destroços. Finalmente o achou, calmamente observando a cena, com ar de reflexão, seus cabelos brancos ao vento.

"Meu coração doeu por ele", contou Charles, "um homem de 67 anos que via tudo o que possuía se consumir para sempre nas chamas. Quando me avistou, meu pai gritou: 'Charles, onde está sua mãe? Chame-a depressa e traga-a aqui, porque ela nunca mais terá a oportunidade de ver algo assim'."

Na manhã seguinte, Edison, olhando para os escombros, refletiu: "Há um lado bom na desgraça. Todos os nossos erros são queimados. Graças a Deus, podemos recomeçar do zero". Três semanas depois do incêndio, Thomas Edison inventou o fonógrafo.

Lição: Mesmo diante de prejuízos, nunca parar de aprender e de se adaptar. O mundo está sempre mudando. Abra-se para novas ideias.

Limitar-se ao que já sabemos e com o que nos sentimos à vontade nos isola e nos frustra diante das novas circunstâncias à nossa volta.

Havia um casal na faixa dos 80 anos. Na grande mesa de refeição que reunia filhos e netos aos domingos, o contraste entre os dois era flagrante. Ela, atenta ao que se dizia, curiosa em ouvir histórias e opiniões, em entender o que se passava no mundo, às vezes se escandalizava com a linguagem dos jovens, mas colocava seus limites sem censurar.

Ele, desinteressado, emburrado mesmo, porque ninguém prestava atenção nas suas histórias, contadas e recontadas centenas de vezes.

Ela mantinha um diário e, tendo dificuldade para escrever à mão, fizera um curso de computador e digitava diariamente suas experiências e o que se passava na família. Estava descobrindo a internet e se maravilhava viajando na tela. Os netos vinham visitá-la durante a semana e, com gosto, contavam suas histórias.

Ele era ouvido com tédio e condescendência, pois estava fechado para escutar, para aprender, para descobrir, apegado a um passado que lhe dera segurança. Começava a morrer em vida.

Rigidez e flexibilidade não têm idade. Nada é previsível. Há pessoas razoavelmente jovens aferradas a seus hábitos, ideias, valores; são "donas da verdade", surdas às ideias e argumentações que possam contestar seus dogmas, centradas em si mesmas e despidas de qualquer curiosidade em relação à novidade com que o mundo constantemente nos presenteia.

Essas pessoas estão preparando um envelhecimento precoce e condenando-se a uma melancólica solidão.

Em pesquisas realizadas com americanos idosos, a satisfação estava mais relacionada à capacidade de adaptar-se do que às suas finanças ou à qualidade de seus relacionamentos.

Aqueles que são resistentes às mudanças e que se fecham para os fatos e ao novo têm chances reduzidas de se sentirem felizes.

(Fonte: e-jornal do Isvara Instituto de Yoga)

Reflexões

Muitos acreditam que a grande busca do ser humano é pela felicidade. Ledo engano. O verdadeiro "objetivo" da humanidade é a experiência contínua do estado de paz. Sem essa conquista, os momentos de aprendizado, de gratidão e de felicidade tornam-se fugazes e efêmeros. – Conceição Trucom

A inteligência verdadeira vem da integração de todas as nossas inteligências e só pode ser conquistada pelo ser que busca o comprometimento com a serenidade. – Conceição Trucom

A medida que confirma a assertividade de nossas decisões é a sensação de paz . – Conceição Trucom

Não é ocioso apenas o que nada faz, mas também quem poderia empregar melhor o seu tempo. – Sócrates

Nós somos o que pensamos. – Hipócrates

A ação só é virtuosa quando é feita em conformidade com a razão, a qual representa um meio como consequência. Em primeiro lugar, portanto, as ações deveriam expressar a razão correta. – Aristóteles

A característica distinta do homem é a sua razão e o bem maior do homem é a realização completa de sua razão. – Aristóteles

Nossa mente pode ser nosso maior amigo, ou nosso maior inimigo. – Krishna

Quanto mais esperto o homem se julga, mais precisa de proteção divina para defender-se de si mesmo. – Sêneca

Se você pensa que pode, está certo. Se você pensa que não pode, da mesma forma está certo. A mente que se julga pronta suplanta obstáculos. – Henry Ford

Transformar nosso coração e mente é compreender como funcionam os pensamentos e as emoções. – Dalai Lama

É ilógico esperar sorrisos dos outros se nós mesmos não sorrimos. – Dalai Lama

As transformações mentais demoram e não são fáceis. Exigem um esforço constante. – Dalai Lama

Se você quer transformar o mundo, transforme primeiro seu mundo interior. – Dalai Lama

A arte de escutar é como uma luz que dissipa a escuridão da ignorância. – Dalai Lama

Um recurso poderoso para nos ajudar a gerir com habilidade a nossa vida é perguntar antes de cada ato se isso nos trará felicidade. Isso é válido desde a hora de decidir se vamos ou não usar drogas, até se vamos ou não comer aquele terceiro pedaço de torta de banana com creme. – Dalai Lama

Um ser que está espiritualmente em desenvolvimento não é aquele que acumula verdades, mas aquele que supera os desafios. (Autoria desconhecida)

O movimento do corpo é a porta para o aprendizado. Ele é essencial à vida. Sem o movimento não existe vida nem ocorre o pleno desabrochar do potencial interior. – Dr. Paul Denison

Diretrizes para o ser humano

Você receberá um corpo físico.

Você pode amá-lo ou detestá-lo, mas ele será seu ao longo de toda a sua existência.

Você receberá lições.

Você estará matriculado na escola da vida em período integral.

Você terá oportunidades para aprender a cada dia que passa.

Você poderá usar essas oportunidades ou deixá-las passar simplesmente.

Não há erros, apenas lições.

O crescimento é resultado de um processo de tentativa e erro: uma experimentação.

Os experimentos fracassados são parte do processo, tanto quanto os experimentos vitoriosos.

Uma lição se repetirá até que tenha sido aprendida.

Essa lição será apresentada a você sob várias formas até que a tenha aprendido, e só então você passará para a próxima lição. Aprender lições é um processo interminável.

Não há nenhum acontecimento na vida que não contenha uma lição.

Se você está vivo, sempre haverá uma lição a aprender.

Lá não é melhor do que aqui. Quando o seu lá se transformar em aqui, você apenas estará obtendo outro lá que, mais uma vez, parecerá melhor que aqui.

Os outros são apenas espelhos da sua própria imagem.

Você não pode amar ou detestar alguma coisa em outra pessoa sem que isso reflita alguma coisa que você ama ou detesta em si mesmo.

É você quem escolhe o que quer fazer da sua vida.

Você tem todas as ferramentas e recursos de que precisa: o que faz com eles é problema seu. A escolha é sua.

As respostas estão dentro de você. As respostas às questões da vida estão dentro de você. Tudo o que você tem a fazer é prestar atenção, escutar e confiar.

As vinte regras de vida

O pensador russo Gurdjieff que, no início do século passado, já falava em autoconhecimento e na importância do saber viver disse: "Uma boa vida tem como base o sentido do que queremos para nós em cada momento e daquilo que, realmente, vale como principal". Ele traçou vinte regras de vida que foram colocadas em destaque no Instituto Francês de Ansiedade e Estresse, em Paris.

1. Faça pausas de dez minutos a cada duas horas de trabalho, no máximo. Repita essas pausas na vida diária e pense em você, analisando suas atitudes.
2. Aprenda a dizer não sem se sentir culpado ou achar que magoou. Querer agradar a todos é um desgaste enorme.
3. Planeje seu dia, sim, mas deixe sempre um bom espaço para o improviso, consciente de que nem tudo depende de você.
4. Concentre-se em apenas uma tarefa de cada vez. Por mais ágeis que sejam os seus quadros mentais, você se exaure.
5. Esqueça, de uma vez por todas, que você é imprescindível. No trabalho, em casa, no grupo habitual. Por mais que isso lhe desagrade, tudo anda sem a sua atuação, a não ser você mesmo.
6. Abra mão de ser o responsável pelo prazer de todos. Não é você a fonte dos desejos, o eterno mestre de cerimônias.
7. Peça ajuda sempre que necessário, tendo o bom-senso de pedir às pessoas certas.
8. Diferencie problemas reais de problemas imaginários e elimine-os porque são pura perda de tempo e ocupam um espaço mental precioso que deveria ser preenchido com coisas mais importantes.
9. Tente descobrir o prazer de fatos cotidianos como dormir, comer e tomar banho, sem também achar que é o máximo a se conseguir na vida.
10. Evite se envolver com a ansiedade e a tensão alheias. Espere um pouco e depois retome o diálogo, a ação. Os outros estão mais bem preparados para resolver seus próprios problemas.

11. Sua família não é você; ela está junto de você, compõe o seu mundo, mas não é a sua própria identidade. Cada um é individual e diferente.

12. Entenda que princípios e convicções fechadas podem ser um grande peso, a trave do movimento e da busca.

13. É preciso ter sempre alguém em quem se possa confiar e falar abertamente num raio de pelo menos cem quilômetros. Não adianta estar mais longe.

14. Saiba a hora certa de sair de cena, de retirar-se do palco, de deixar a roda. Nunca perca o sentido da importância sutil de uma saída discreta.

15. Não queira saber se falaram mal de você e nem se atormente com esse lixo mental; escute o que falaram bem, com reserva analítica, sem qualquer convencimento.

16. Competir no lazer, no trabalho, na vida a dois, é ótimo... para quem quer ficar esgotado e perder o melhor.

17. A rigidez é boa na pedra, não no homem. A ele cabe firmeza, o que é muito diferente.

18. Uma hora de intenso prazer substitui com folga três horas de sono perdido. O prazer recompõe mais que o sono. Logo, não perca uma oportunidade de divertir-se.

19. Não abandone suas três grandes e inabaláveis amigas: a intuição, a inocência e a fé.

20. Entenda de uma vez por todas, definitiva e conclusivamente: você é o que você fizer. Não culpe os outros pela sua infelicidade, pois só você poderá fazer você feliz!

Bibliografia

ANDERSON, Bob. *Alongue-se*. São Paulo: Summus Editorial, 1983.

BRAGA, Rosana. *O Poder da Gentileza*. São Paulo: Editora Minuano, 2007.

CHAUÍ, Marilena. *Espinosa: uma Filosofia da Liberdade*. São Paulo: Editora Moderna, 2005.

COLEÇÃO Mente, Cérebro & Filosofia. vol. 1. São Paulo: Editorial Duetto, 2006.

COLEÇÃO Mente, Cérebro & Filosofia. vol. 3. São Paulo: Editorial Duetto, 2006.

DAHLKE, Rüdiger. *Mandalas*. São Paulo: Editora Pensamento, 1997.

DENNISON, Paul E. & DENNISON, Gail E. *Ginástica Cerebral*. Porto Alegre: Editora Século XXI, 1996.

FUNES, Mariana. *O Poder do Riso*. São Paulo: Editora Ground, 2001.

GOLEMAN, Daniel, Ph.D., *Inteligência Emocional*. Rio de Janeiro: Editora Objetiva, 1995.

IRWIN, William. *Seinfield e a Filosofia*. São Paulo: Madras, 2004.

KATZ, Lawrence C. & RUBIN, Manning. *Mantenha seu Cérebro Vivo*, Rio de Janeiro: Editora Sextante, 2000.

KRECH, David. *Cérebro e Conduta*. Rio de Janeiro: Editora Salvat, 1979.

LAMBERT, dr. Eduardo. *A Terapia do Riso*. São Paulo: Editora Pensamento, 1999.

LANGRE, Jacques de. *Do-in – Técnica de Automassagem*. Rio de Janeiro: Editora Ground, 1977.

LEE, Bruce. *Aforismos*. São Paulo: Conrad, 2007.

MANNION, James. *O Livro Completo da Filosofia*. São Paulo: Madras, 2006.

MUSIC Graham. *Conceitos da Psicanálise, Afetos e Emoções*. Série Mente & Cérebro – Conceitos da Psicanálise. São Paulo: Editoral Duetto, 2005.

MYSS, Caroline, Ph.D. *Anatomia do Espírito*. Rio de Janeiro: Editora Rocco, 2000.

PIERRAKOS, Eva & THESENGA, Donovan. *Não Temas o Mal*. São Paulo: Editora Cultrix, 1995.

_____. *O Caminho da Autotransformação*. São Paulo: Editora Cultrix, 1990.

OHM DIETMAR, *Rir, Amar e Viver Mais*. São Paulo: Editora Paulinas, 2002.

RINPONCHE, Sogyal. *O Livro Tibetano do Viver e do Morrer*. São Paulo: Talento-Palas Athena, 2000.

RUIZ, Don Miguel. *Os Quatro Compromissos*. Rio de Janeiro: Editora Best Seller, 2005.

STONE, Joshua D. *Psicologia da Alma*. São Paulo: Editora Pensamento, 1998.

TOLE, Eckhart. *O Poder do Agora*. Rio de Janeiro: Editora Sextante, 2002.

TREVISAN, Lauro. *Sem Pensamento Positivo não há Solução*. Santa Maria: Mente, 1996.

TRUCOM, Conceição. *Alimentação Desintoxicante*. São Paulo: Alaúde, 6ª edição, 2009.

_____. *Soja: Nutrição & Saúde*. São Paulo: Alaúde, 2004.

_____. *O Poder de Cura do Limão*. São Paulo: Alaúde, 2004.

_____. *A Importância da Linhaça na Saúde*. São Paulo: Alaúde, 2005.

TULKU, Tarthang. *A Mente Oculta da Liberdade*. São Paulo: Editora Pensamento, 2001.

_____. *Gestos de Equilíbrio*. São Paulo: Editora Pensamento, 2000.

_____. *Técnicas de Relaxamento*. São Paulo: Editora Pensamento, 2001.

Webgrafia

- Afeto:
http://www.saudevidaonline.com.br/artigo53.htm

- Alimentação Desintoxicante:
http://www.docelimao.com.br/site/index.php?option=com_content&view
=section&id=2&Itemid=32

- Aromaterapia:
http://www.docelimao.com.br/site/index.php?option=com_content&view
=category&id=2&Itemid=5

http://www.aromarte.com.br

- Cérebro:
http://www.webciencia.com/11_04cerebro.htm

- Depressão e Afeto:
http://gballone.sites.uol.com.br/voce/dep.html#1

- Entrevista Dr. Sidarta Ribeiro:
http://tribunadonorte.com.br/noticia.php?id=77015

- Estágios da consciência: Swami Sambodh Naseeb:
http://www.biozen.blogspot.com

- Mal de Alzheimer:
http://www.alzheimermed.com.br
http://pt.wikipedia.org/wiki/Mal_de_Alzheimer

- Mal de Parkinson:
http://pt.wikipedia.org/wiki/S%C3%ADndrome_de_Parkinson
http://www.ivdn.ufrj.br/kb_ivdn_v01_03_Doencas_08_parkinson_01.htm

- Mandalas:

http://www.123colorir.com/digitos-e-forms/paginaparacolorir,mandalas.html

http://www.mandalamystica.com.br

- Meditação:

http://www.docelimao.com.br/site/index.php?option=com_content&view=category&id=21&Itemid=13

- Neurônios:

http://pt.wikipedia.org/wiki/Neuronio

http://neuronios.pbworks.com

http://pt.wikipedia.org/wiki/Neurotransmissor#Neurotransmissores_Importantes_e_suas_Fun.C3.A7.C3.B5es

- Sitocos risus ativus:

http://www.docelimao.com.br/site/terapia-do-riso/o-conceito/99-sitocol-r-risus-ativus.html

- Sono:

Instituto do Sono:

http://www.institutodosono.com.br/

Dra. Regeane Trabulsi Cronfli:

http://www.cerebromente.org.br/n16/opiniao/dormir-bem1.html

- Terapia do Riso:

http://www.docelimao.com.br/site/terapia-do-riso/o-conceito.html